検証
ブラックアウト

北海道胆振東部地震

北海道新聞社編

北海道新聞社

はじめに

530万通りの物語
道民みなが被災者になった

2018年9月6日午前3時7分、道央を中心に北海道の広い範囲を激しい揺れが襲いました。マグニチュード6・7。胆振管内厚真町で最大震度7の「激震」を道内で初めて観測しました。国内では1995年の阪神大震災が最初で、2016年の熊本地震以来6例目です。

震源地に近い厚真町、同管内むかわ町、苫小牧市などで41人が死亡(ほかに災害関連死3人)。全道で約2万5千棟の住宅被害があり、785人が負傷、最大1万3111人が避難生活を強いられました。今も仮設住宅で暮らす人がいます。被害はこれにとどまりませんでした。

激しい揺れで震源地に近い北海道電力の苫東厚真火力発電所（厚真町）が緊急停止。電力需給のバランスが崩れ、道内各地の発電所も連鎖的に止まり、地震発生から18分後の午前3時25分、道内全域の約295万戸が停電する「ブラックアウト」に陥りました。どの家にも、どの事業所にも電力が来なくなったのです。北海道は「暗闇の大地」となりました。

北海道では真冬になると、猛吹雪で視界がゼロになる「ホワイトアウト」を警戒しますが、「ブラックアウト」という言葉を耳にするのはこの時が初めてだった道民が多かったのではないでしょうか。

ブラックアウトの瞬間から全道の電気がほぼ回復した9月8日までの3日間、揺れを感じなかった人を含め530万人の道民誰もが被災者となりました。携帯電話を充電するため役場に並ぶ列。重い水や食料を手に、マンションの階段を上った。ろうそくを囲んでの冷たい夕食—。今なお、それぞれの記憶にあの日々は刻まれており、530万通りの物語があります。

個人的な記憶をたどらせてください。

前日の5日夜、新聞労連（日本新聞労働組合連合）委員長に2年間出向していた本社報道センターデスクの慰労会が札幌・ススキノであり、遅くに帰宅して眠りについたのもつかの間、激しい揺れにたたき起こされました。編集局次長だった私は、本社で朝刊の編集長役を務める編集本部委員に電話し、朝刊に地震情報を入れられないか打診しましたが、もう印刷が始まっており難しいとの返答でした。

急いで着替え、自転車で会社に向かう途上、大通公園あたりで街灯や信号などが一斉に消えました。これが3時25分だったのでしょう。電気のブレーカーが音もなく上がったかのような光景でした。星がきれいだなと、一瞬だけ思ったことを覚えています。

大通西3丁目にある北海道新聞本社ビルのエレベーターは止まっていました。階段で6階の編集局へ上ると、ビルの自家発電で明かりがともっています。この明かりがこの後の数日間、どれほど頼りになったことか。

この電力で夕刊以降の紙面編集はできそうでしたが、全道的に停電しており、道内に六つある印刷工場のうち、自家発電装置のある本社工場（北広島市）以外は輪転機を回すことができないとの報告が制作局から入ってきました。制作局はこの後、同工場から全道へ懸命に新聞を送り届けることになります。

一人また一人と編集局員たちが出社して来ました。札幌管区気象台の速報は胆振管内安平町が震度6強（烈震）。震源はそのあたりらしい。日の出が近づく中、本社や苫小牧支社から記者やカメラマンが向かいます。空撮のために丘珠空港に待機する本社ヘリも離陸準備を始めました。そのうち厚真町が震度7だと情報が入り、記者たちは進路を変えます。

午前8時、田辺靖編集局長（当時、現北海道文化放送監査役）が、編集局の真ん中に集まった記者たちに「総力を挙げて取材し、しっかりした新聞を読者に届けたい。自らと家族の安全も考えつつ仕事に当たってほしい」と指示しました。

3日後に電力が回復するまで、記者たちはそれぞれ食料を確保したり、暗い自宅やホテルでつかの間の休みをとったり、非日常の暮らしに直面しながら取材を続けました。

励みとなったのは、真っ暗な中で新聞を届け続けたことに読者からいただいた反応でした。

札幌市の70代女性からはこんな声が届きました。

「6日夜、まさかと思っていた夕刊が届いて、ようやく被害の大きさを知った時は正直、ああ新聞を購読していてよかったと思った」

そうした思いに応えるためにも、道民みなが不安の中で過ごしたこの日々をしっかり記録したい。なぜ全域停電が起きたのか。行政は、企業はどう対応したのか。私たち道民は何ができて何ができなかったのか――。

編集局は19年7月まで10カ月間、「激震　暗闇の大地《ブラックアウト》」と題する長期連載に取り組みました。

それをまとめたこの本が、あの経験を語り継ぐよすがになれば幸いです。

2020年7月

北海道新聞社取締役編集局長　間瀬　達哉

検証ブラックアウト　北海道胆振東部地震［目次］

第6章　電力の将来像

第7章　生命線、どうつなぐか

第8章　過去から未来へ

装丁・デザイン　佐々木正男（佐々木デザイン事務所）

検証ブラックアウト

北海道胆振東部地震

2018年9月6日午前3時7分ごろ、道央を中心に北海道の広い範囲で強い地震を感じた。札幌管区気象台によると震源地は胆振地方中東部で、震源の深さは約37キロ。地震の規模はマグニチュード（M）6・7。最大震度を記録したのは胆振管内厚真町の震度7で、これは現行の震度階級になった1996年以降で道内最大。ほかに同管内の安平町、むかわ町で震度6強、千歳市、日高管内平取町で震度6弱を記録した。

厚真町を中心に震源に近いマチでは大規模な土砂崩れが発生するなどし、大勢の住民が犠牲に。震源からやや離れた札幌圏でも、液状化現象などによる住宅地への甚大な被害が相次いだ。

インフラの寸断も深刻だった。各地の水道、ガスはもとより、電力の供給もストップ。地震の直撃を受け北海道電力苫東厚真火力発電所の3基（合計出力165万キロワット）が停止し、発生から18分後の午前3時25分、道内の他の発電所が連鎖的に止まったことで全電源が喪失し、道内全295万戸の停電を引き起こした。未曽有の全域停電、ブラックアウトの発生――。

気象庁は同日夕、今回の地震を「平成30年北海道胆振東部地震」と命名した。

第1章

あの3日間、道民は——

札幌管区気象台の予報官谷口正実さん（51）は2018年9月5日夕方から、火山監視などの夜勤に就いていた。各地の火山の震度計や東京・大阪の地震監視室と24時間つなぐカメラ…。観測室の壁一面に大型画面が並ぶ。

6日午前3時すぎ。「ブーブーブー」。道内337カ所の震度計のうち、1カ所でも震度5弱以上を検知した時の緊急地震警報音だった。「地震だ、大きいぞ」

震度や震源が流れる画面をのぞいた。情報は来ない。強い振動を感じ、携帯電話の緊急地震速報が鳴った。「震源は海か、陸か」。海溝型なら津波の可能性が一気に高まる。「もし津波にマチがのまれたら」

東京・大阪の監視室の画面が自動的に動きだした。「震源地は」「震度は」。画面の向こうから大勢の声が飛んだ。短いやりとりの後、震源地や震度が判明。とりあえず、津波の可能性は低い――。地震発生から、ここまでおよそ1分間。

「防災情報提供システム」を通じて、道やNHK、道警などに情報が流れ始めた。問題なく届いているか画面から目が離せない。その合間に、幹部職員の携帯に「非常態勢」を知らせるメールを送る。室内をもう一人の同僚と激しく動き回った。

午前3時25分すぎ、気象台は停電。非常用電源で画面はそのまま動いたが、電灯は消えた。「そんなことを気にする状況じゃなかった」。谷口さんは言った。

◇

2018年9月6日未明、多くの道民が激しい揺れでたたき起こされた。午前3時7分。道内初の最大震度7を記録する大地震が発生。観測史上、北海道が体験した最大震度は、この日まで6弱。それを上回る「震度7」は、地震に備えていた人にも備えていなかった人にも激しい衝撃を与え、「予期せぬ事態」が起こり得ることを実感させた。その瞬間から、道民はどう動き、何を感じたのか。各地の証言を基に、私たちの3日間を振り返る。

衝撃

9.6 03:07-03:25

9月6日午前3時7分。**胆振管内厚真町の宮坂尚市朗町長**(62)は、役場から南に約12キロの上厚真地区の自宅2階で寝ていた。

ドンと突き上げる衝撃、続けて15秒くらいの激しい横揺れ。右側で何かが動く気配を感じ、とっさに右手を上げて顔をかばうと、タンスが倒れてきた。

常に枕元に置く電池式ランタンを手に1階に降りると、食器棚もタンスも倒れていた。砕けた食器をよけながらジーンズをはき、作業着をはおり、車に乗り込んだのは午前3時20分。

夜中になれば、いつも町内は真っ暗だ。だが、今日は少し違う。役場までの道に立つ二つの信号機まで消えていた。道沿いの家に被害はなさそうに見えたものの、「家具の下敷きになっているかも…」。焦りを抑え、ハンドルを握り続けた。

当直勤務中の**胆振東部消防組合消防署厚真支署の田中淳一警防1係長（41）**は仮眠を取っていた。

立てないほどの揺れ。ドシャンッ、ガシャンッ。物が壊れる音が響く。

仮眠室を出て司令室に急いだ。倒れた室内の書庫が邪魔をしてドアを開けられない。回り込んで別の引き戸から入ると、書類が床中に散乱していた。別の同僚は車庫に向かっていた。震度3以上の地震発生時は全車両を外に出さなければならない。

119番電話が鳴り続けた。何度取っても通話不能。やっとつながった電話口から男性の叫び声が聞こえた。「吉野が大変なことになってる」。4人が消防車に飛び乗った。この日最初の出動だった。

「ビュルルン、ビュルルン」。**十勝管内広尾町の下森久仁子さん（68）**は「何か鳴ってる…」と寝ぼけながら体を起こした。各戸に付く防災行政無線の音。途端に目覚めた。「来たっ」。すぐにグラグラ揺れた。

「お父さん！　地震！」。２００３年十勝沖地震後、枕元に備えるようにした携帯ラジオを付けた。「…震源地は胆振…」。津波の心配のないことは分かった。再び激しい揺れがあれば逃げよう―。同じく枕元に置く車の鍵を握りしめた。

日高管内日高町の高間叔枝《ひろえ》さん（62）は「ズン」と地鳴りを聞いた。一気に揺れが強まっていく。「キャー」。思わず悲鳴を上げた。天井を見つめながら「ここで死ぬんじゃないか」。

手に触れたスマートフォンのライトを頼りに1階へ。「ダリ！　ダリ！」。飼い猫の名前を呼んでも姿を見せない。重さ３００キロのピアノもずれていた。倒れた靴箱の下をくぐり玄関から外に出た。

地震から10分後、友人から安否を気遣う電話がかかってきた。「すごい揺れなの！」。緊張の糸が切れ、泣きだしてしまった。見上げると、空は何事もなかったように澄んでいた。この先どうなるの―。

札幌市の新谷純平さん（25）が営むススキノのダイニングバー「ｍｕｓａ（ムーサ）」の電灯がチカチカと点滅した。「何だ、これ」。2秒後、激しい振動を感じた。店内にはカップル1組。カウンターからワイングラスが次々と落ちた。「テーブルの下に隠れて」

揺れが収まり、近くの地下のバーにピザを届けるため店を出た。出前先のビルのエレベーターは止まっていた。階段も見つからず、諦めて外に出た時だった。ススキノの派手なネオンが「ものすごい勢いで消えた」。

女性客を乗せ、住宅街へ向かっていた旭川市のタクシー運転手細川清一さん（67）も道路脇の街灯がパーッと暗くなる瞬間を見た。信号も止まった。「停電だ！」と客は叫んだ。運転手歴21年で初めての体験。「街が消えた」

この時午前3時25分。全域停電・ブラックアウト。

信号機が点灯しないため、札幌市中央区のススキノ交差点で交通整理する警察官

混乱

9.6 03:25-12:00

胆振東部地震は激震の衝撃を与えただけでなく、全域停電（ブラックアウト）に伴う「暗闇」の混乱を引き起こした。295万戸の住宅や病院などから奪われた光。液状化や土砂崩れの被害者も「何が起きたのか」、すぐのみ込めなかった。夜明けとともに被害は明らかになっていく。

後志管内岩内町企画産業課原発担当の切明賢一課長（45）は町役場で、北海道電力泊原発の状況に気をもんでいた。庁舎内は非常用電源に切り替わっている。「これはただ事じゃない」。室内は緊迫していた。

午前3時半すぎ、「北電からの連絡はありません」と上司に報告。これまでの地震なら北電から安全協定などに基づく連絡が来ている時間だった。「どうなってるんだ」。北電に何度も電話をかけたが答えは「調査中」。5分、10分…、連絡は来ない。北電から「外部電源が喪失し非常用発電機が起動した」との報告を受けたのは、午前4時8分だった。

札幌市清田区里塚地区の会社員川口富也さん（38）は妻と長男、長女の4人で自家用車の中にいた。ギシギシと鳴る家から飛び出したままの寝間着姿。周囲は闇に沈み

「星がすっごくきれいで不気味」だった。

「やばい、やばい」という悲鳴や車の底が地面とこすれるガリガリという音が聞こえた。着替えるため家に入ろうとしたが、玄関ドアが開かない。基礎部分が数センチ浮き、ドアはゆがんでいた。

水道管が破裂し地中の土砂が動いたことで、大きく波打つように陥没した札幌市清田区里塚の住宅地の道路

午前5時ごろ、水道管が破裂し地中の土砂が動き始めた。家が少しずつ沈んでいく。見ているしかない。まだ沈むのか、どこまで沈むのか。朝日に照らされ、大きく波打つ道路や公園が見えた。「なんで、こんなになってんの」

土砂崩れが起きた**胆振管内厚真町本郷地区の近藤光子さん（76）**は気付くと、がれきのようなものに全身を挟まれていた。どうして？　痛みを感じるより、ただ驚いた。少しだけ動く右手を伸ばしたが布きれをつかんだだけ。

周囲は闇。むやみに動き体力を使ってはダメだ。「助けてください」と呼び続けた。「もし誰も見つけてくれなかったら」。9年前亡くなった夫にも声を掛けた。「お父さん助けて…」

かすかに「近藤さん、奥さん」と呼ぶ声が聞こえた。「助けてっ、助けてくださいっ」と叫んだ。間もなく何人かが集まる気配がした。「今助けるからっ」

1時間後、ようやく助け出された。男性に背負われながら「家はどうなっているのか」と気になった。でも、怖くて振り返れない。9月6日は誕生日。楽しい1日のはずだったのに。

札幌南徳洲会病院（札幌市清田区）看護部長、工藤昭子さん（55）は午前4時、病院1階ロビーで職員20人と緊急ミーティングを開いていた。暗闇の中、ホワイトボードを出し、懐中電灯を頼りに患者数などを確認した。燃料満タンで3時間半稼働する非常用電源の残り時間は、この時点で2時間。燃料の軽油確保が急務だった。

職員は市内のガソリンスタンドを片端から回った。片道およそ2時間かけて軽油を持ち帰った職員もいた。人工呼吸器装着患者は4人いる。職員は帰ってきては次の軽油を買いに行く。「この状況はいつまで続くの」。まさに綱渡りだ。

檜山管内奥尻町の国保病院の看護助手、菊地真澄さん（41）がふと目を覚ますと、寝ているはずの夫(41)がテレビを見ていた。「こんな夜中になんでテレビつけてるの」

「地震だっ」

大きな土砂崩れに全域停電の映像に驚いた。島内に発電所がある奥尻では、電気もつき余震も感じなかった。奥尻高1年で体験した北海道南西沖地震を思い出した。夫は当時の火事で家を失った。

普段通り午前8時前に出勤した。院内のテレビでは地震被害の映像が流れ続けていた。「次はまた奥尻かもしれない…」。胸が騒ぐ。

苫小牧市の小学6年堀内雪花《ゆきか》さん（11）は日高管内日高町の祖父母を案じていた。地震後、連絡が取れない。「震度7、全域停電」…、ラジオは深刻な状況を刻々と伝える。午前11時半ごろのニュースで「国の偉い人」が「情報をテレビなどで入手してくださいと言っているのを聞き、思わず叫んだ。「停電でテレビ見れないんだよ！」

焦燥

9.6 12:00-17:00

6日未明の胆振東部地震とブラックアウトの発生から時間がたつにつれ、道民は焦りの色を濃くしていった。電源を求めてさまよう人、大規模な土砂崩れで厳しい現場に向き合う捜索隊、被害対応に追われる自治体…。それぞれが、それぞれの場で闘っていた。

同日正午ごろ、脊髄性筋萎縮症（SMA）で人工呼吸器を24時間手放せない**札幌市白石区の佐藤きみよさん（56）**は、停電の中で必死だった。バッテリーはもって3時間。計算すると、予備を使っても「今日の夕方までもたない」。呼吸器の管を入れるために切開した気管が乾かないよう、温めて潤す加湿器もコンセント式のため動かない。このままではたんが詰まり、息が止まってしまう。

呼吸器の管理業者にも訪問医にも連絡したが、「発電機はない」「病院をあたって」と言われた。病院には「目の前の患者で手いっぱい」と受け入れを断られた。気管は次第に冷え、バッテリーも減り続ける。

「生き延びなければ」。インターネットで市内に設置された充電場所を調べ、介助者の車で最寄りの白石区役所に急いだ。着くやバッテリーを充電し、加湿器を電源につなぐ。気管の粘膜は既に乾き切り、血を吐いてしまった。それでも、ほっとした。

道警広域緊急援助隊特別救助班（特救班）の作田隆行班長（39）が胆振管内厚真町吉野地区の土砂崩れ現場に入ったのは午後4時。安否不明だった女性（16）の体の一部が見えていた。

家の2階部分が土砂で50メートル流され、そこに埋もれていた。体の上には、がれきが3メートルほど積み上がっている。人力ではとても全身を出せず、持ち込んだジャッキやチェーンソーなどの救助道具でがれきを取り除こうとした。だが、無理だった。「早く助けたい」。でも助けられない。無力感が湧き上がる。

一気にがれきを除去することのできる現場のショベルカーは、体に傷を付けてしまう。上からつまんで持ち上げられる重機「ピラニアバケット」の到着を待った。だが、土砂崩れに阻まれていた。「いま助けますよ」「頑張りましょう」。隊員たちは最後まで生存を信じ、女性に声を掛け続ける。バケットはまだか——。

同じく特救班として現場にいた**工藤開陽《はるひ》巡査長（26）**は、涙をこらえた。がれきの山から出てきた何枚もの写真。助けだそうしている女性の赤ちゃんのころ、小学生のころ…、成長の過程が伝わってきた。「私情を殺して捜索しなければ」と言い聞かせたが、自分も今年、娘が生まれて父になった。感情があふれ出す。

北見市「石崎石油」の石崎進社長（54）は市郊外のガソリンスタンド「夕陽ケ丘SS」に連なる約300メートルの車列の間を行き来していた。2時間待ちの中、「給油は1台3千円まで」とドライバー一人一人に説明する。「もう少し入れて」と言う客には頭を下げる。

大型発電機を確保し、普段の倍の従業員で給油口一つを動かした。会員制交流サイト（SNS）で「ここは給油やってるぞ」と出回り、車は増える一方。ただ偶然、地震前日の5日に30キロリットルのタンクを

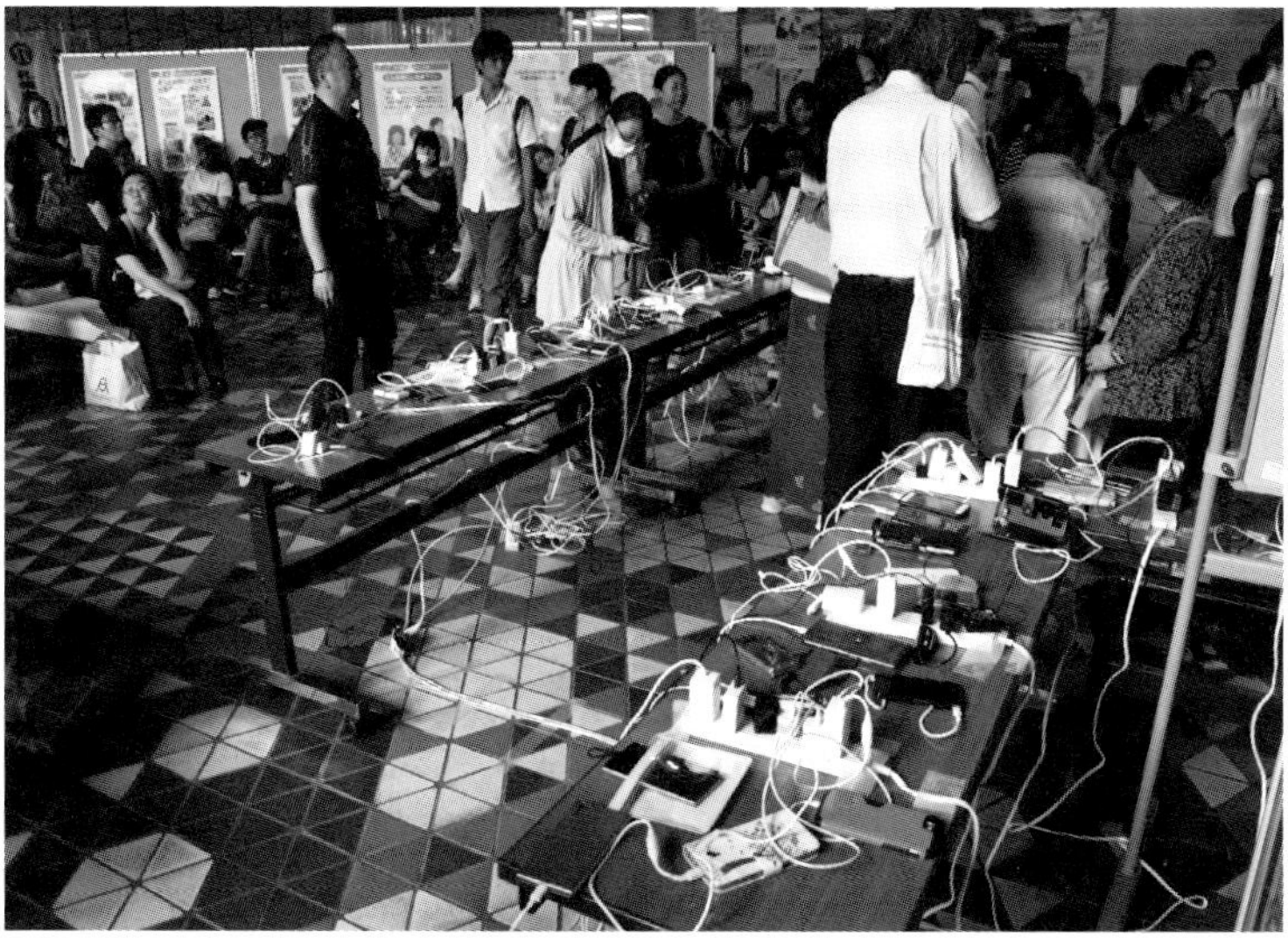

札幌市役所本庁舎に開設されたスマートフォンなどのバッテリーの充電コーナー

満タンにしていた。「2、3日はなんとかもつ」と思った。

「動物たちの食べ物だけは守らなければ」。**おびひろ動物園の柚原《ゆはら》和敏園長（55）**は
その一心だった。停電で、野菜や魚など1カ月分の餌を入れた大型冷凍庫が停止。

100ボルトの自家発電機はあるが、冷凍庫を動かすには200ボルト必要だ。

「どうやって冷やすか」。5キロほど離れたドライアイスの販売店を思い出した。道中の信号機は消えていた。焦りを抑え、ハンドルを握る。何とか、重さ20キロのドライアイス2個を手に入れた。「良かった…」

安平町総務課長の田中一省《かずみ》さん（56）はマスコミ対応を一手に担っていた。担当課は町内の被害把握や避難所運営に走り回り、取材を受ける余裕は無い。災害対策本部の現場統括として職員に指示を出しつつ、マスコミの取材をさばく。6日夕方までに全国から何十人もの記者が集まった。自分を奮い立たせた。「町外に被害が伝われば、きっと支援も集まる」

連帯

9.6 17:00-24:00

多くの地域は停電が解消しないまま夜を迎えた。力を発揮したのは、地域のつながりや誰かと共に過ごせる場所。人々は集い、声を掛け合い、不安な夜を分かち合った。

札幌市白石区のIT企業社長福本義隆さん（70）宅には夕方から近所の人らが次々と訪れた。「携帯を充電させてください」。「どうぞ、どうぞ」と迎えた。

2014年、東京電力福島第1原発事故を教訓に北電の送電線を撤去。以後、電力完全自給生活を送る。電気工事士の資格を生かし、出力200ワットの太陽光パネル14枚を自ら屋根などに設置。充電式単3乾電池800本などをつなぎ、計26キロワット時の蓄電池を作った。節電のため、全自動洗濯機は二槽式に、46インチテレビは16インチに換えた。

「情報が得られず困っていた」「ありがとう」。人々は口々に礼を言ってくれた。自分のことを「物好き」と思っていたが、まさかこんな時に役立つとは—。

胆振管内むかわ町の「デイサービスたんぽぽ」管理者の高橋靖幸さん（37）は、町内の福祉施設やレンタル介護用品業者からベッドや布団をかき集めていた。

独居高齢者らの福祉避難所に急きょ決まったのだ。非常用電源はあるが備品や設備、人手が足りない。地区に三つあるデイサービス事業所の力を結集した。食事は自前の台所を持つ事業所が担当。各事業者から職員の応援ももらい、臨時で24時間の見守りダイヤを組む。夜勤4人、日勤8人。

夜には高齢者20人が集った。余震を怖がる人もいる。「できるだけ明るく」。冗談を言っては笑わせた。

釧路市の老人保健施設「老健くしろ」事務管理課の山崎智晴さん(47)は何より食事が心配だった。施設にいる高齢者は約90人。幸いガスは使えた。栄養士3人が懸命に頭をひねり、備蓄食料をフル活用して温かい夕食を用意した。だが食事を運ぶエレベーターは停電で停止していた。広い施設の1階調理室から2階の各居室まで職員数十人が等間隔に並び、声を掛け合い、一人一人の食事を受け渡した。バケツリレーならぬ「食事リレー」だ。

停電中の札幌市厚別区のカラオケ店「ピロス」に午後6時ごろ、20、30代くらいの男性2人が別々に入って来た。**店長の佐藤啓太さん(30)**は笑顔で迎えた。店のツイッターに「地震で不安に過ごされている方は、どうぞピロスへ」と書き込み、20人用の大部屋を避難所として開放していた。

男性2人はどちらも1人暮らしらしく「家にいるのが寂しくて」。カセットコンロで炊いた雑炊を一緒に食べた。「いつ電気つきますかね」「家は大丈夫でしたか」。たわいもない会話がみんなを安心させた。

オホーツク管内湧別町の佐藤美紀子さん（63）は午後7時半ごろ、ろうそくの火を消し、普段より2時間早く床に就いた。停電は続く。でも心は穏やかだ。

朝、家電も電話も使えず、携帯電話の電池もわずか。不安で外に出たら、近くの歯医者さんの息子が充電してくれた。安否を心配する静岡県内の長女（38）の依頼で、役場の人が家を訪ねてくれた。夕方には、ご近所さんが「ろうそくあるかい」と声を掛けてくれた…。

前年11月に夫を肺がんで亡くした。1人暮らしに不安もあるけれど、「この町に住んで良かった」。満ち足りた思いで目を閉じた。

「チカホを避難所として開けられないか」。**札幌市道路維持課の伊藤竜さん（44）**は午後7時前、市災害対策本部から電話を受けた。札幌駅前通地下歩行空間（チカホ）には既に電気が戻っていた。

自衛隊から大量の毛布を借りた。食料や飲み物も集めなければならない。どら焼きやバナナやお茶、市の物資を次々と運び込んだ。

札幌駅前通地下歩行空間を避難所として開放することが協議された市の災害対策本部

午後8時45分ごろ、チカホ避難所を開いた。暗闇の中、うろうろと街を歩く人々に声を掛けて「チカホで休めますよ」と呼び込んだ。

市民や旅行客、外国人…。200人近くが通路に毛布を敷き、体を休めた。午後11時すぎ消灯。小さなおしゃべりだけで、驚くほどしんとしている。午前0時が近づくと、話し声も消えた。そして静かに、9月6日が終わった。

消耗

9.7

00:00-12:00

胆振東部地震とブラックアウトは発生から2日目に入り、道民に疲労がたまり始める。依然として続く停電は医療現場や交通機関、市民生活に大きな影響を与え、人々は長時間にわたる対応に追われた。

市立室蘭総合病院の下舘勇樹医師（56）は苫小牧市立病院内で夜を明かした。道の要請で院内に設置した災害派遣医療チーム（DMAT）胆振活動拠点本部の本部長として、負傷者や救急患者らの搬送先の調整に奔走していた。停電と断水で苫小牧市内の病院は帝王切開以外の手術ができない。医療機関が充実する札幌にも余裕はなかった。

「最悪の場合、室蘭へ送りたい」。自身が勤める市立室蘭総合病院、さらに製鉄記念室蘭病院が快諾してくれた。緊迫が続く7日午前3時すぎ、苫小牧市の災害拠点病院・王子総合病院がようやく復旧。「良かった」。胸をなで下ろした。

昼ごろ、東北や新潟県のDMATが続々到着した。心強い援軍だが、土地勘はない。「あびら」「びらとり」…、地名の読み方を教え、被災地の医療施設や避難所に送り出す。違うユニホームを着ていても目標は同じ。患者を救うことだ。

函館市の温泉施設「西ききょう温泉」を営む北原一樹さん（51）は午前1時、屋内と露天合わせて12ある湯船の掃除と湯の温度調整に追われていた。湯をくみ上げる電動ポンプが停電で止まってから復旧まで16時間。24時間の掛け流しができなくなった湯は冷え切り、硫黄などの温泉成分が湯船や床にこびりついている。

「停電で困っている人に温かい風呂を用意したい」。だが汚れはなかなか落ちない。70代中心の従業員5人と必死に作業した。そして開店1時間前の午前4時、「何とか間に合った」。

36時間寝られず、体はへとへと。でも客の「ありがとう」の言葉に救われた。

新千歳空港で国内線の運航が再開した午前10時、**AIRDO（エア・ドゥ）千歳空港支店長の岡田浩さん（51）**は数千人の客が押し寄せた国内線ビルにいた。

空港ターミナルビルは前日、開港以来初めて全面閉鎖され、全422便が欠航した。カウンターに普段より5人ほど多い19人のスタッフを置いたが、瞬く間に500メートルの列ができた。節電のためビル内は空調が抑制され蒸し暑い。客の表情も険しい。

この日の対応は、運航再開の直前まで状況を見極め、東京や札幌のスタッフと協議して決めた。空席待ちを受けず、予約客だけを乗せる――。

ビル内では何とか飛行機に乗ろうと多くの人々が行き来していた。「可能ならすべてのお客さんを運びたい」。だが円滑な運航を優先させるには、それしかない。苦渋の決断だった。

稚内市環境エネルギー課の市川正和課長（46）は悔しかった。午前9時20分、市役所への1本の電話。「なぜ風車を動かさないのか」。市内84基の大型風車の発電量は、約11万キロワットを誇るにもかかわらず、他の市町村と同様に6日以降、停電が続いていた。

北電は安定して発電できる火力、水力の発電所の再開を優先し、風力の電気受け入れを後回しにした。そもそも風車を動かす予備電源の準備もなかった。インターネット上では「風車があるのに、なんで稚内は停電なの」との書き込みが広がる。無念が

普段より5人ほど多い19人のスタッフを置いた新千歳空港のAIRDOカウンター。運航再開が伝えられるや瞬く間に500メートルの列ができた

こみ上げた。

根室市の花咲港近くでカニ販売兼食堂「かに屋めし屋　大八《だいはち》」を営む大谷亨一社長（71）は、巨大な水槽2基に入った400～500キロ分の花咲ガニを前に途方に暮れていた。

くみ上げた海水の温度を4～6度に保つ冷凍機も、水槽に空気を送るポンプも、水をろ過する装置も、停電で止まったままだ。

活ガニは水温、空気、水質が安定しなければ弱ってしまう。漁師から借りた電圧100ボルトの発電機でポンプ、ろ過装置は動いた。だが200ボルトの電圧が必要な冷凍機は動かせない。板氷を入れても3トン以上に上る水槽の水は冷やせない。「どうにもできない」

水温はじりじり上がり、目の前でカニは弱っていく。「地震には慣れてる」と思っていた。でも停電がこれほど続くとは。電気が戻るのを、ひたすら祈った。

奮闘

9.7 12:00-24:00

7日午後。激震から30時間以上が経過した道内各地では、過去に経験したことのない混乱から抜け出そうと、家族や職場、地域の人たちがそれぞれの立場で奮闘していた。

根室管内別海町の酪農家岩崎友規さん(35)は昼ご飯も食べず、両親と妻、小学6年の娘と5人で、搾乳牛43頭の乳搾りを手作業でしていた。午前7時から始め、既に5時間を超えていた。

停電が続き、搾乳機は停止したまま。発電機はなく、手搾りをしなければ乳房炎などの感染症にかかりかねない。必死だった。

機械化が進み、今や手で乳を搾ることは少ない。生まれたての子牛に飲ませるため、2リットルほどを搾る程度。短い乳頭を指3本でつかみ、ひたすら搾り続ける。手がぷるぷると震えた。だが黙々と搾る両親の姿を見ると、手を止められない。

ようやく搾乳が終わったのは、午後2時半ごろだ。

札幌市豊平区で子ども食堂などを運営するNPO法人「子どもの未来・にじ色プレイス」代表の安田香織さん(47)はNPOのツイッターにこう書き込んだ。

子どもたちへ／いえにおとながいない子は、にじプレへおいで。／まってるよ

昼すぎ、食堂で顔見知りの子どもや親がNPO事務所に集まり始めた。マンション12階で大きな揺れを体験した中1の女の子は母親と一緒だった。「大丈夫だった？」と聞くと「誰かの顔を見るまで不安だった」。

停電中でもガスは使えた。持ち寄った食材で夕飯を作り、キャンプ用のランタンやろうそくを囲みながらみんなで寄り添って食べた。

余震のたびに泣きそうになる子もいた。「みんないるよ」とほほ笑むと、安心した表情に。この夜、事務所に泊まったのは小、中学生4人と母親2人。布団をぎっしり並べて眠った。

渡島管内木古内町の町社会福祉協議会で事務局長を務める工藤晋《すすむ》さん（39）は町職員らと手分けをし、65歳以上の独居高齢者約260人の安否確認に追われていた。

停電は町中心部の大半で解消されていた。だが1人暮らしのお年寄りは不安に思っているはず…。「少しでも早く訪ねたい」と小雨の中、車で走り回った。数十軒を回るため、1軒に寄れる時間は5分ちょっと。「体調は大丈夫？」と声を掛けると、「わざわざありがとう」「元気よ」。みんなの笑顔に胸をなで下ろす。

留萌市の地域FM放送局「エフエムもえる」局員の竹内亨さん（38）は午後5時、

災害特別番組のパーソナリティーとしてJR留萌駅内の放送局にいた。地震直後の6日午前3時25分から、スタッフ5人で回しながら生活情報などの特番を放送。たまに音楽を流す以外、もう38時間近くもぶっ通しだ。

車で市内も回った。電気が通じた地区や営業しているドラッグストア、コンビニなどの店名、品薄の中で店頭に並ぶ商品…。細やかな情報を局内の社員の無料通信アプリLINE（ライン）に送り、リスナーに伝えた。「○○店には赤ちゃんの紙おむつがあります」

市民からは「助かった」とすぐに反応が来る。メールや会員制交流サイト（SNS）で各地の情報も届く。「普段から市民と互

地震発生直後から、スタッフ5人で回しながら生活情報などの特番を放送した「エフエムもえる」

いに顔が見えている地域ＦＭだからこそ」。地域に必要とされている、と今ほど実感することはない。

午後5時。**砂川市の新砂川農協農産課長の前谷直人さん（55）**はトマトやキュウリの選果作業の真っ最中だった。停電で選果機もベルトコンベヤーも動かない。朝から職員やパート従業員ら80人総出で手作業の選別をしている。

6、7日に集まったトマトは計7トン。1、2日も置くと真っ赤に熟し、道内外の市場や小売店に届いた時に売り物にならなくなる。何としても今日中に選果を終わらせなければ――。

選果台に載せたトマトを選り分け、4キロずつ段ボールに詰める。普段なら大きさによって約20段階で選別するが、そんな余裕はない。市場の了解を得て「大・中・小」3段階に分けるのが精いっぱいだ。

作業が終わったのは午後7時。腕も肩も腰も、体のあちこちが痛いが「これで明日出荷できる」。ようやくほっと、伸びをした。

願い

9.8 00:00-24:00

8日を迎え、胆振東部地震の激震に伴うブラックアウトはほぼ解消され、道内はわずかずつだが日常を取り戻し始めた。その一方で、なおも甚大な被害や人命と向き合い続ける人々がいた。あの未曽有の揺れから3日目。人々は何を祈り、願ったのか。

午前、胆振管内厚真町内の避難所で炊き出しを手伝っていた**町の「桂歯科クリニック」院長の吉住彰郎さん（47）**の元に警察官が来た。「また、ご協力をお願いしたいのですが」。遺体の歯型鑑定の依頼。7日以降、既に10人近くを確認していた。「どなたですか」と尋ねた。

名前を聞いて体が震えた。地震前日に来院したばかりの夫婦だった。特に妻は10年来の患者だ。遺体安置所の児童会館で、黒い袋に包まれた2人は長机の上に並んでいた。「間違いであってくれ」。遺体に近づき、震える手で口の中を見た。治療痕や歯の特徴を探す。「ご本人だと思います」。願いは届かなかった。

児童会館を出た。「もう限界だ」——。全身から力が抜け、崩れた。人目もはばからず泣いた。遺体を確認した一人一人の顔が浮かぶ。今まで我慢していた分の涙も全部あふれた。1時間以上、声を上げて泣いた。

ジェイ・アール北海道バス（札幌市）営業部副部長の高橋利至《としゆき》さん（55）は午前6時半ごろ、担当する手稲営業所の事務所の窓から、一斉に走りだす15台のバスを見送り、大きく息を吐いた。「やっとか…」。長い長い2日間だった。

全域停電で信号が消えたため、6日の始発から72路線264系統すべての運行を止めざるを得なかった。「今日はバス走っているの」。絶え間なく電話が入る。「バスは日常の一部なんだ」とあらためて思った。

停電後、約1500ある全バス停に貼って回った「運転見合わせ中」の手書きの紙を丸1日かけ、従業員総出ではがした。二度と貼らずに済みますように—。

午後3時すぎ。被災者の生存率が下がるとされる「発生から72時間」が12時間後に迫る。**道警機動隊特務中隊の幅田英樹警部補（39）**は厚真町幌内地区の土砂崩れ現場で、最後の安否不明者を捜していた。土砂は高さ10メートルほど積もり、住宅のがれきすら見えない。「今までで一番崩れ方が大きい」と感じた。

重機で土砂を慎重にかき出し、生存の痕跡がないか目を凝らす。衣類や手紙や身分証…、何かが出てくるたび手作業に切り替える。

午前0時が近づいた。まだ見つからない。「72時間」まであと3時間と少し。生きていると信じて、土砂をひたすら掘り起こす。

午後4時半ごろ、**北広島市でトリミングサロンを営む鹿内千夏子さん（38）**の無料通信アプリLINE（ライン）に知人からメッセージが回って来た。「自衛隊の方からの情報（略）大きい地震が来る可能性が高いようです。推定時刻5～6時間後」

7年前から病気などで捨てられた犬猫を保護し、今自宅には猫7匹と犬6匹がいる。ラインは多分デマだと思う。でも「もしも」に備え訓練しようと決めた。

午後6時。落下物に備え、みんなをいったんケージに入れた。その後、安全を確認して猫たちをキャリーに入れ、犬たちにハーネス（胴輪）を付ける。両手にキャリー

厚真町幌内地区の土砂崩れ現場で不明者を探す自衛隊員

を持ち、「抱っこひも」で犬を何匹も抱きかかえ、2往復して外のワゴン車に13匹を運ぶ。食べ物や水、ペットシーツも積む。ここまで15分。くたくたになった。

車内に入り、懐中電灯を付け、ケージやキャリーの隙間に座る。そこでしばらく過ごした。周囲は真っ暗。本当に大地震が来るかは分からない。だが何があっても、この子たちを守れますように──。

石狩市の主婦藤吉真里奈さん（37）は6日の地震発生以来、日々の出来事を防災リュックに入れているノートに1日1ページずつ、細かく書き残している。

例えば、6日には3歳の息子や夫と暗闇の中、外に止めた車の窓から星空を眺めたこと。7日にはガソリンスタンドに並ぶ長い長い車の列を見たこと。8日には札幌市に住む両親が電話口で必死に「5時間後に震度7が来るから！　本当に気をつけて！」と心配してくれたこと…。

この3日間、お母さんたちが見て、考えたこと。息子が少し大きくなったら、話してあげたい。

第2章

北電という組織

北海道電力は1951年の設立以来、広い北海道の隅々まで安定して電気を届けることに腐心してきた。苫東厚真火力発電所（胆振管内厚真町、165万キロワット）や泊原子力発電所（後志管内泊村、207万キロワット）などの巨大電源を造ったのも、効率的に安い電気を提供するためだ。しかし、2018年9月6日の胆振東部地震後に国内初の全域停電（ブラックアウト）を起こし、道民生活や経済に大きな影響を及ぼした今、万一の事態への備えが十分だったのかが問われている。

広がる供給網

古びた計器が壁一面に並ぶ。夕張市清水沢地区にある北海道炭礦汽船（北炭）が所有していた清水沢火力発電所。1926年（大正15年）に完成し、自家発電設備としては国内有数の7万4500キロワットの出力を誇った。採掘した石炭を燃料に電気をおこし、炭鉱や炭鉱住宅などに電気を届けた。約100キロの送電網は自前で整備し歌志内市にも電力を供給していたが、92年に周辺炭鉱の閉山で廃止された。

北電設立時、道内は発電所や送電網の整備が進んでおらず、北炭や王子製紙のような企業が電気の供給を担った地域があった。66年時点で自前の発電設備や送電網などの自家用電気施設を利用している地区は全国で810あり、道内は8割に当たる687を占めた。

東京理科大の橘川武郎教授は「戦後、北海道の人口の少ないところは自家発電設備が多かった。それを北電が引き取って、道内一律のユニバーサルサービスを実現していった」と説明する。

自家用電気施設の利用地域は、地元の事業者が送電網を維持していたことなどから電気料金が北電の供給エリアより3〜5倍高かった。国の意向を受けた北電は67年から、道東地方を中心に施設を順次引き取り、同社の供給体制に組み入れた。多額の投資

夕張市清水沢地区に残る北炭の火力発電所。発電はしておらず、今は産業廃棄物の資源化作業に使われている。すでに4分の3が取り壊された

を伴う設備の引き取りは経営を圧迫したが、同じ料金で電力を供給できるようにした。

需要に応じた電気の供給を下支えするために整備していったのが、火力発電所だ。北電は55、58年の砂川（7万キロワット）をはじめ、ブラックアウトからの復旧で活躍した奈井江（35万キロワット）など産炭地周辺に火発を建てた。当時の火発の総出力は自家用の設備に遠く及ばなかったが、62年度末には自家用の約2倍の計54万6千キロワットとなった。

現在の電源集中に大きく影響したのが、73年の石油危機だ。原油価格の高騰を受けた「脱石油」を進めるため、国は国内炭を最大限活用する方針を決定した。北電は苫東厚真火発を新設する際に重油の使用を検討していたが、国の意向を受けて国内炭に変えた。苫東厚真火発は80年に1号機（35万キロワット）、85年には2号機（60万キロワット）が相次ぎ稼働した。

さらに石油危機の影響で全国の電力各社が燃料コストの低い原発の整備に力を入れ始めると、北電も検討を加速。89年の泊原発1号機（57万9千キロワット）を皮切りに、91年に2号機（同）、2009年に3号機（91万2千キロワット）を稼働させ、苫東厚真火発と泊原発に電源を集中していった。両施設の出力だけで全体の47％に上る。

新電力が攻勢

しかし、11年の東京電力福島第1原発事故を契機に原発への風当たりが強まった。12年から停止している泊原発再稼働の見通しが立たない中、北電の経営は燃料費高騰によって窮地に追い込まれ、13、14年に電気料金の値上げを実施。16年には電力小売り全面自由化が始まり、料金が高止まりする中で北電は新電力に顧客を奪われている。

胆振東部地震では苫東厚真火発内で震度6弱を記録し、震度5程度しか想定していなかった全3基はほぼ同時に停止。道東の送電線事故も重なり、ブラックアウトに見舞われた。

北電関係者からは「想定外の天災でも2日間の停電で済むのであれば、泊と厚真への電源集中が一番安い選択肢だった」との声も上がる。

北電は社内に設けた検証委員会でブラックアウト発生時の対応の検証を進めているが、電源集中の是非や経営責任については議論しない方針だ。

■北電の発電設備

北電の発電設備は71カ所あり、総出力は788万3725キロワット。内訳は火力が413万9370キロワット、原発が207万キロワット、水力が164万8355キロワット。このほか、地熱が2万5千キロワット、太陽光が千キロワット。道内で稼働している主な火力発電所13基のうち、6基の運転年数は老朽化の目安になる40年を超え、故障リスクを抱える。液化天然ガス（LNG）を使う石狩湾新港発電所3基の建設（170万8200キロワット）を進めており、2019年2月には1号機が営業運転を始めた。このほか、京極水力発電所3号機（20万キロワット）も28年度以降に稼働予定だ。

■電力自由化

国際的に割高な電気料金の是正のために1990年代半ばに始まった電力改革によって段階的に進められた。2000年3月に工場など使用量の多い特別高圧の分野で始まり、04、05年に中小規模工場などの高圧分野にも対象が広がった。16年4月には家庭や商店など使用量の少ない低圧の顧客も対象になり、全面自由化された。道内は電気料金の高止まりを受け、月約1万件ペースで北電から新電力に顧客が流出している。国は電力改革の総仕上げとして、大手電力の送配電部門を別会社化する「発送電分離」を20年から実施している。

電源集中 国策に諾々

ブラックアウトから丸一日以上経過した7日午後、北電内で電力供給の回復を急ぐことに対する慎重論が広がった。

背景にあったのはブラックアウト再発への危機感だ。復旧のため、火発で2番目に再稼働した音別発電所1号機が7日午前にトラブルで停止した。運転開始から40年の老朽機はフル稼働に耐えられなかった。他にも多くの老朽機を抱える火力部は慌てた。

水力部も同調した。めったにフル稼働しない水力発電所に高い負荷をかけ続けていた。「出力の大きな発電所が使えるようになるまで、供給回復を遅らせられないか」。プレッシャーのかかる両部署は経営陣に迫った。

「とにかく復旧を優先して!」。尻込みし始めた北電に強い調子で迫ったのは、国との連絡調整役として北電本店に詰めていた経済産業省の担当者だった。殺気立つ空気の中、不安を抱える火力部らを幹部がなだめながら、供給地域の拡大は続けられた。

老朽機の事故に備え、全国から集まった電源車を各地の変電所に配備した。再び停電になっても電源車から供給を続けるという異例のバックアップ体制の下で、被災地を除く道内世帯がほぼ復電したのは8日午前だった。

経営安定のすべ 裏目に

国の意向を経営サイドが受け入れ、追認していく。そんな北電の姿勢は、ブラックアウトの復旧を巡る現場で始まった話ではない。ブラックアウトの引き金になった苫東厚真火力発電所と泊原子力発電所の2カ所に総出力の47％が集中したのも、国策に経営方針を合わせる中で生まれ、つくられてきた結果だった。

日本海を望む小高い丘の麓に、稲刈りを終えた乾田が広がる。石狩市浜益区（旧石狩管内浜益村）。札幌ドーム約23個分に当たる126ヘクタールの用地は、1971年に原発建設予定地として北電が買い取り、26年間にわたり所有していた。「当時は村長含めて本当に原発が来ると思っていた」。元村議で現石狩市議の蜂谷三雄さん（68）は振り返る。

旧浜益村は67年に後志管内の泊村、島牧村と並ぶ原発候補地に挙げられた。国の号令の下、電力会社が競って原発計画を進め、誘致に成功した自治体にばく大な経済効果をもたらしていた時代。ニシン漁が衰退し、新たな産業を求めていた旧浜益村はそこにマチ再生の活路を求めた。

村は官民挙げて誘致に取り組んだが、北電は「有力な候補地」と繰り返すばかり。一方で、89年に1号機、91年に2号機の運転を始め泊原発への電源集中に突き進んだ。誘致を断念したのは92年。しびれを切らした村が北電に真意を確認したところ「具体的な建設計画はない」と告げられた。予定地周辺の住民たちは今も北電への不信感を拭えない。「泊村が受け入れ候補から離反しないための当て馬だったのでは」——。

北電OBは「泊への電源集中は電気料金を安くするためだった」と明かす。電源は分散型より大規模集中型の方がコストを抑えられる。産炭地振興の一環で海外炭より高い国内炭を大量に引き取ったため、当時の電気料金は全国でも高止まり傾向にあった。これが製造業誘致の足かせになると懸念した国は「産業競争力を高めるため、電気料金の値下げが必要だ」と迫り、北電はその意向に従った。

泊原発のフル活用により、北電は数回にわたる料金引き下げを実現させる。料金は98年に全国平均を下回り、2006年には過去最高だった81年に比べ3割の引き下げを達成した。「原子力推進という国の方針に真面目に従った成果だ」。役員経験者は胸を張る。

苫東開発後押し

泊原発は09年の3号機稼働で総出力207万キロワットを誇る道内最大の電源になったが、原発依存型の経営は11年の福島第1原発事故を機に一変した。翌12年に全3基が停止。再稼働に向けた安全対策費など多額の投資を迫られる中、発電コストを最小限に抑えた電源供給策として北電が頼ったのが苫東厚真火発だった。泊原発に次ぐ規模で、石油より割安な石炭を使う。泊原発と同様に、電力関係者の間で「国策発電所」と呼ばれた巨大電源だ。

国は70年に苫小牧東部地域（苫東）の開発を決め、重化学工業の進出を見据えて600万キロワットの電源計画を打ち立てた。その一部を担ったのが北電だ。「苫東厚真火発は元々、苫東への立地企業に電気を供給するのが目的だった」。道開発庁職員として苫東開発に関わった小磯修二元釧路公立大学長（70）は説明する。

石炭火発の新設は大気汚染を招くとして周辺住民の反対運動が起きることも多かったが、「産炭地振興」「国家プロジェクト」という大義名分のもと1号機の建設は順調

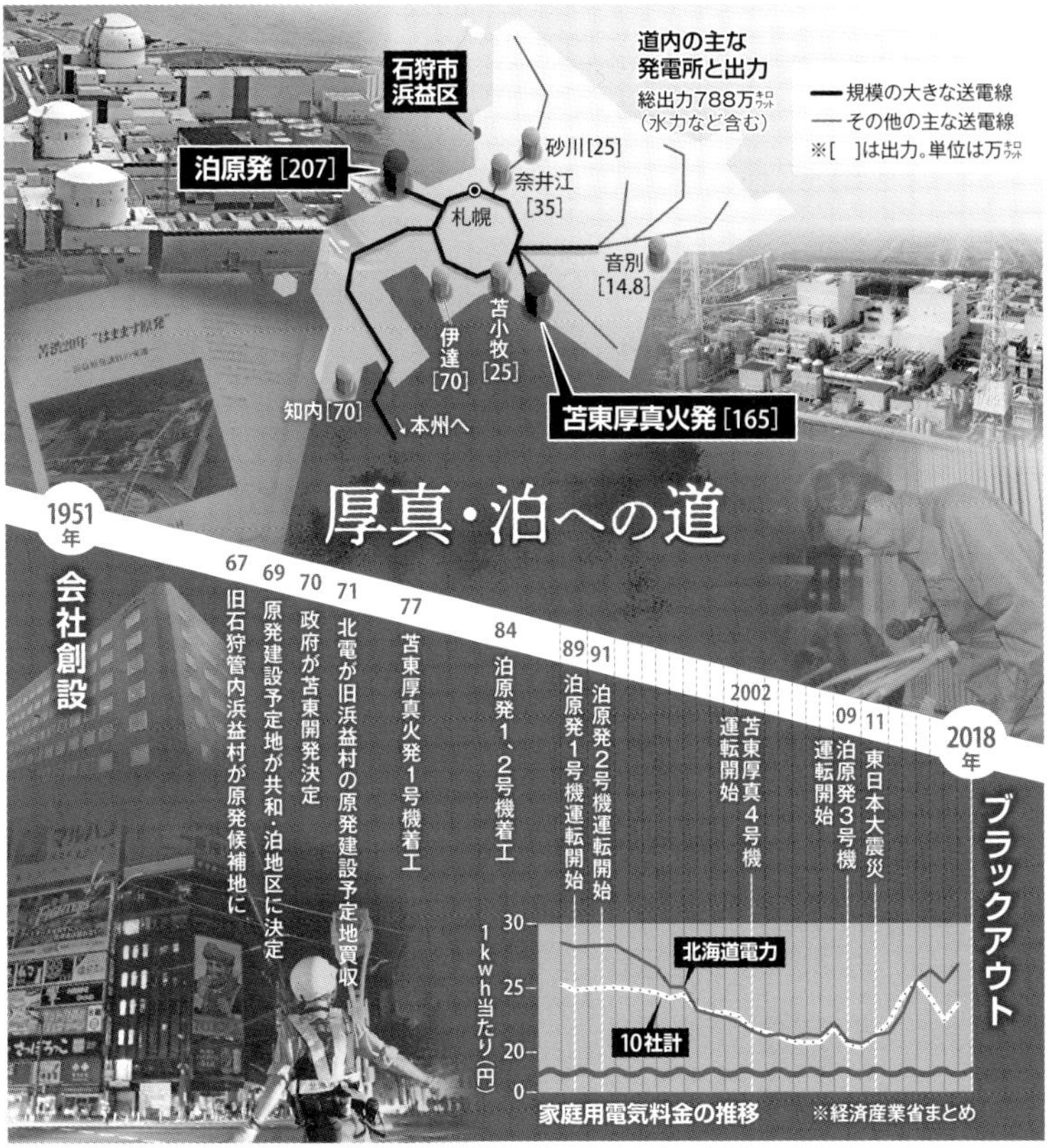
道内の主な
発電所と出力
総出力788万キロワット
（水力など含む）
規模の大きな送電線
その他の主な送電線
※[ ]は出力。単位は万キロワット
石狩市
浜益区
泊原発［207］
砂川［25］
奈井江
［35］
札幌
音別
［14.8］
苫小牧
［25］
伊達
［70］
知内［70］
本州へ
苫東厚真火発［165］
厚真・泊への道
1951年
会社創設
67
旧石狩管内浜益村が原発候補地に
69
原発建設予定地が共和・泊地区に決定
70
政府が苫東開発決定
71
北電が旧浜益村の原発建設予定地買収
77
苫東厚真火発1号機着工
84
泊原発1、2号機着工
89
泊原発1号機運転開始
91
泊原発2号機運転開始
2002
苫東厚真4号機運転開始
09
泊原発3号機運転開始
11
東日本大震災
2018年
ブラックアウト
1kwh当たり（円）
北海道電力
10社計
家庭用電気料金の推移
※経済産業省まとめ

に進んだ。苫小牧市選出の元道議は「道内は石炭が重要産業だったこともあり、真っ向から反対しなかった」という。

道も苫東開発を後押しする立場から、用地買収への協力を惜しまなかった。元厚真町農協青年部員の本田弘さん(77)は「1号機完成で大気汚染の問題もないと分かり、2号機以降の増設はさらに円滑に進んだ」と振り返る。苫東厚真火発は85年の2号機の運転開始に合わせて海外炭に切り替え、コスト削減を実現。泊原発と並ぶ二大電源の道を歩んでいく。

そして18年9月6日のブラックアウト。泊原発停止後に「一本足」で道内需要の半分を賄っていた苫東厚真火発も地震で停止し、特定の発電所に電源を集中させる経営戦略のほころびを露呈した。

経営安定のため国の護送船団的エネルギー行政に追従してきたが、国策への優等生的な立ち居振る舞いが裏目に出た形だ。元幹部は徒労感を漂わせる。「積み上げてきたものが全否定されたような気持ちだ」

それでも北電内で電源の集中立地を見直す機運は乏しい。真弓明彦社長は18年10月末の記者会見でこう述べた。「苫東厚真も泊も、さまざまな観点から立地地点を決めた。国の専門家会合などでも、取り組みについて評価をいただいた」

LNGの将来性見誤る

北海道より強くブラックアウトのリスクを意識してきた地域がある。他地域とつなぐ送電線がない沖縄だ。本土と離れた需要の小さな地域というハンディを背負いつつ、より割安な電気をいかにつくるか。似た課題を背負う北海道電力と沖縄電力は20年ほど前、現在の電源を形作る異なる決断をしていた。

那覇市内から車で30分ほど走ると、島の東海岸に大きな円形タンクが姿を現す。2012年に運転を開始した液化天然ガス（LNG）を燃料に使う沖縄電力の吉の浦火力発電所だ。

沖縄のエネルギー環境は脆弱《ぜいじゃく》だ。大きな川がなく、大規模な水力発電所はない。原発立地も難しく、電気はほぼ全量を火発で賄ってきた。供給の安定度を高めるため、沖電は1988年の民営化以降、化石燃料の多様化を進めてきた。

97年には温暖化ガスの排出量を規制する「京都議定書」が採択された。火力一辺倒の沖電の二酸化炭素（CO_2）排出量は電力各社でも群を抜く水準。「環境性を高めなければならない」（石嶺伝一郎会長）との意識がCO_2の少ないLNGの導入につながったという。

LNG燃料は石炭よりも割高だ。保管用の特殊タンクの設置など基地建設にもコストがかかり、当時は「小さな電力会社が導入しても採算は合わない」が常識だった。だが、沖電は発電量の半分程度を石油火発に依存していたことから「LNGは石油より安い。石油火発の代わりに使えばコストも見合う」(石嶺会長)と見極めた。製油所跡地という基地建設の適地があったことも導入の追い風となった。

北電でも90年代にLNG導入を選択肢として考える動きがあったが、割高との見方から構想は具体化しなかった。「経営規模の小さい沖縄がLNGを入れると聞いて衝撃だった。常識に縛られていたと思った」。沖電がLNG導入を決めた当時をよく知る元北電幹部はそう述懐する。

北電が新たな電源に選択したのは、すでに電気料金値下げに貢献していた泊原発の増設だった。沖電がLNG導入へ、社内検討委員会を設立した96年に北電は泊3号機の建設計画を公表した。

北電がLNG火発の導入計画を打ち出したのは、東日本大震災直後の11年3月末。沖電より実に10年遅れた。その間に道内では、北海道ガス(札幌)が北電に先行して石狩湾新港へのLNG基地建設に踏み切った。電力ガスの自由化が進む中、自在に使える自前のガスの重要性は高まり、LNG火発導入の経営判断はガスを巡る北電、沖電両社の競争力の差につながった。

沖縄唯一のＬＮＧ輸入者となった沖電にとって、地元の沖縄ガスはＬＮＧを買ってくれる「お客さま」だ。18年度末までに県内16カ所の工場などにもＬＮＧを供給する。

一方、北海道では北ガスが自前のガスとそれを使った発電所を持った。北電は最も手ごわい「ライバル」を生んでしまった。

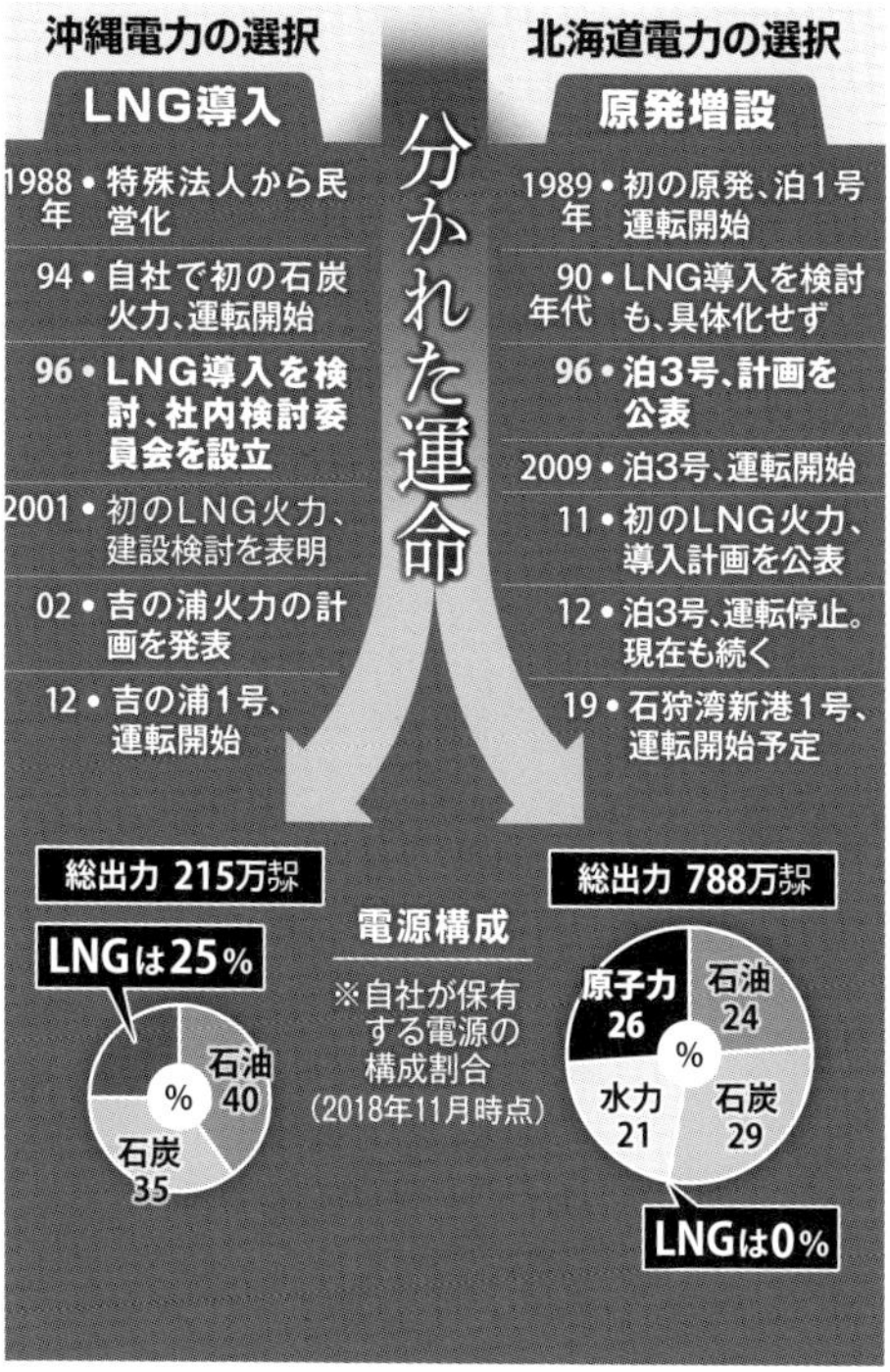

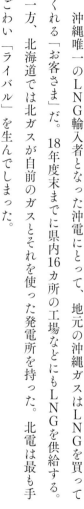

沖電はLNG火発の運転をゼロにはしないという。タンク内で自然気化するガスがあるため、電気利用が少ない夜中でも一定水準で動かし続けており、割安な石炭だけに頼らない「分散運用」にもつながっている。一方、北電が選択した泊3号機は12年から停止したまま。ブラックアウト時も供給力になれなかった。

エネルギーを取り巻く環境は日々変化している。LNG価格も長期的上昇が懸念されており、「いつまで経済性が維持できるか分からない」(電力関係者)。

だが、現時点での企業評価を端的に示す株式の時価総額は18年11月26日終値で北電の1655億円に対し、売り上げ規模が4分の1の沖電は1195億円。東日本大震災前の10年に3500億円を超えていた北電の時価総額が半減したのに対し、沖電は8割上昇した。

似た悩みを抱えてきた沖縄と北海道。かつての電源選択が生んだ市場の評価は対照的だ。

競争激化
失われた余力

「電力事業が連結売り上げの20％を超えてきた」。18年10月31日、札幌市内の北海道経済センタービルで行われた北ガスの中間決算発表の記者会見。大槻博社長はこう話し、16年の電力小売り全面自由化で本格参入した電力販売の成果を強調した。

北ガスはガスと電気のセット割引や再生可能エネルギーの活用を売りに電力の顧客を獲得。18年9月末時点の顧客数は同年3月末に比べて3割伸び、電力を都市ガスに次ぐ経営の柱に育てた。

「北電離れにつながらないよう、営業活動はきめ細かく対応していきたい」。一方、同日、札幌市内の北電本店で中間決算を発表した真弓明彦社長は、大槻氏とは対照的に、厳しい表情で語った。自由化後、家庭や企業などの契約者が新電力に移る「北電離れ」の加速が影響し、半年で67億円の売り上げが減少した。販売電力量も全面自由化から2年で13・2％も減っている。

かつて電力は北電など大手電力が独占的に供給していた。しかし、国は2000年以降、企業向けから段階的に新電力参入による自由化を進め、16年の全面自由化で家庭向けにも門戸を開いた。道内でも北ガスやコープさっぽろ、業界最大手のエネット（東京）など新電力が北電から顧客を次々と奪い取っている。

経済産業省によると、道内の新電力のシェア（18年6月時点）は22・3％。東京電力管内の17・9％や関西電力管内の16・6％を上回り、全国の電力大手10社管内の中で最も高い。泊原発の停止に伴う2度の値上げで、道内の電気料金が高止まりしていることが背景にあり、「北電離れ」は既に経営の屋台骨を揺るがしている。

そんな最中に起きたブラックアウトは、北電が胆振東部地震発生当時、道内最大の火力発電所の苫東厚真火発に頼っていたことが一因だった。大手電力関係者は「原発が停止し、新電力との競争も激しくなる中、発電効率がいい苫東厚真火発に頼らざるを得なかったのは仕方ないのでは」と同情する。

独占供給時代は経費を電気代に上乗せする総括原価方式でコストを確実に回収できたが、現在、同方式が適用されるのは家庭向けの一部となり予備の発電所を持つ余裕がなくなった。コスト高の発電所は「お荷物」となり、北電を含む大手電力各社が石油火発を廃止する動きが相次いでいる。

一方、経産省は、電力自由化が今回のブラックアウトの背景にあるとの見方がある中でも、自由化を今後も積極的に推進する考えを変えていない。同省幹部は「苫東厚真火発1カ所が問題だったとしても、制度全体を見直すことにはならない」と強調。道外の電力関係者は「自由化は電気料金値下げを求める企業や家庭の期待に応えた結果だ」と言い切る。

エネルギー政策に詳しい都留文科大の高橋洋教授は「自由化で再生可能エネルギーやガス発電などの導入を促して電源を分散し、安定供給を実現させるのが本来の姿だ」と指摘する。天候や時間帯によって発電量が左右される再生エネが増えても安定供給を維持できるよう、経産省は現在、火力発電など安定した発電設備を持つ電力事業者にお金を払う仕組みを20年度につくるなどの対策を進めている。

北電幹部は「自由化で今後もいろいろなことが犠牲になる。発電所もコスト面を考えた運用にならざるを得ない」と本音を漏らす。電力自由化の競争に勝ち残りつつ、どう安定供給体制を維持するか。北電は新たな課題に直面している。

剛腕「起業家」君臨10年

閑静な住宅地が広がる札幌市円山地区。その一角にある目立たないれんが壁のビルが実は「北海道電力グループ有数の優良事業」（北電OB）を担っている。

北電子会社、ほくでん情報テクノロジー（札幌）が運営するデータセンターだ。200近い企業からデータを預かり、情報処理サービスなどを手掛ける。

建物は元々、北洋銀行の計算機センターだった。その一部を間借りする形で、ほくでん情報の前身企業がデータセンターを始めたのは2001年10月。道内ではまだ珍しかった同事業を強力に進めたのが、当時の北電の近藤龍夫常務（後に社長、会長）と佐藤佳孝情報通信部次長（同）のラインだったという。

前年の00年、大口顧客への電力小売りの自由化が始まった。収益源の多様化に向け電力各社はこぞって新規事業を開拓。グループ全体の連結決算が重視され始めた時期にも重なり、北電も子会社に「稼ぐ力を付けろ」と血眼になっていた。

旗を振ったのが近藤氏だ。原子力畑出身だが、1999年に新規事業を担う事業開発室長に就任すると辣腕《らつわん》ぶりを発揮した。元部下のOBは「毎週のように常務会に出す新規事業の提案を求められた。休みは年2、3日あったかどうか」。

そんな近藤氏に見いだされたのが、電力会社では傍流とされる情報通信畑の佐藤氏だった。情報通信部次長、部長としてデータセンター事業を取り仕切り、「一度顧客がつけば長期で稼げる」（道内IT業者）というドル箱を発掘。毎年数億円の利益を生み出している。

08年、近藤氏は「機を見ての判断力と決断力はずばぬけている」と後継社長に佐藤氏を指名した。原子力畑や企画畑が主流の北電では異例のトップ就任だった。以来10年間、同社経営に圧倒的な影響力を誇る。

「佐藤氏はいわゆる電力マンではない」。北電幹部OBは口をそろえる。「従来の調整型のトップとは異なる『起業家』の感性を持っていた。電力会社にもそんなトップが必要な時期だったんだ」。佐藤社長時代の11年3月、ほくでん情報はデータセンターのビルを取得し、業務を拡大していく。

しかし、同じ時期、日本の電力会社の環境は激変した。東日本大震災と東京電力福島第1原発事故の発生だ。国の原子力政策は見直され、原発の稼ぎを前提とした経営が崩れ去る。

この年8月には、道など主催の過去の原発関連シンポジウムで、北電が「やらせ」の意見表明を社員に指示していた疑惑が浮上。北電の第三者委員会は担当部局の組織的関与を認め、法令順守意識の不足、閉鎖性などを厳しく断罪した。

「北電は社会や市場をもっと意識すべきだ。技術革新が必要。システム畑の社長ならできるはず」。第三者委の委員だった中村研一北大名誉教授は調査終了後、佐藤氏に直接迫ったという。だが、明確な答えはなく、翌年会長になった佐藤氏は、表舞台にほとんど姿を現さなくなった。

18年9月のブラックアウト。この時も佐藤氏は「直後に来道した世耕弘成経済産業相の前にも姿を見せなかった」（経産省関係者）という。

危機対応は「聞き上手」とされる真弓明彦社長が担い、現状報告は火力、水力、配電などの各部長に記者会見させた。配電部が「配電設備は確認した。後は電源復旧のタイミングだ」と話す一方で、火力部や水力部が自部署の復旧状況を説明するちぐはぐさ。情報共有や統制のなさを露呈したが、トップダウンが常態化していた社内からは「各部長がこんなにしゃべるとは」と驚きの声が出た。

「もはや電力会社に全部門を統括する強力なリーダーはいらない」と経産省幹部は話す。20年、改正電気事業法で送配電が別会社化され「発電部門は原子力も火力も他社のメガソーラーと同列になる」からだ。送配電会社にはいかに効率良く電源を選択するかが求められる。剛腕トップが全体を束ねてきた北電は、新たな統治システムを築けるか。今回の危機はその試金石となりそうだ。

足元に迫る業界再編論

大分県南西部の九重町。大分自動車道の九重インターチェンジを出て赤や黄色に色づいた山々の間を40分ほど走ると、白い蒸気が立ち上る九州電力八丁原《はっちょうばる》発電所（11万キロワット）が見えてくる。1977年に稼働した国内最大のこの地熱発電所では、深さ約2千メートルから取り出した蒸気でタービンを回し、一般家庭3万7千軒分の電力を供給している。

九電は2018年5月、ここで培った技術をインドネシアに移転し、世界最大規模の地熱発電所（33万キロワット）の稼働を実現させた。電磁波による地層調査、発電で使った熱水を地中に戻す環境保護の仕組み…。開発から稼働まで全てを自社で手掛けた「九電式」だ。榊原紀孝・火力発電本部副部長は「国内で蓄積した地熱発電のノウハウは今後も海外で生かせる」と胸を張る。

同社は、21年の経常利益の3割を九州の電気事業以外で稼ぎ、国内外の再生可能エネルギー導入量を30年に17年比2・2倍にする目標を掲げる。6月には子会社が国内最大級の木質バイオマス発電所を福岡県に建設する計画を発表するなど、新規事業にも積極的だ。

こうした積極経営の背景には新規事業に前向きな九電の企業風土があるとされる。地熱発電の開発は全国に先駆けて開始。米国のガス発電への参画や、福岡市内の湾岸地区などの都市開発にも取り組む。さらに18年6月には玄海原発4号機が再稼働し、目標だった計4基の稼働を達成。経営に余裕ができたことも「外に攻めていけるようになった」（池辺和弘社長）理由という。

一方、北電は19年2月に石狩湾新港に同社初のLNG火発の営業運転を始めたが、大手10電力では最後発。営業地域外での電力販売も東京、関西、九州などの各電力に比べて出遅れている。泊原発（後志管内泊村）の適合性審査でも活断層評価などに時間がかかり、再稼働時期はいまだ見通せない。

そもそも、現在の10電力体制（当初は沖縄を除く9電力）は1951年に確立された。国は電力事業の国有化を目指していたが、戦前に西日本で東邦電力を経営し「電力の鬼」と呼ばれた実業家の松永安左エ門が「民間活力を生かすべきだ」と強く主張して民営を勝ち取った。

電力各社は当初、地域独占で電力を供給する枠組みの下で、大規模な発電設備を次々に建設。日本経済の成長に伴う旺盛な電力需要を背景に、会社の規模も拡大したが、経済成長の鈍化や都市圏への人口集中などで各社の経営格差は徐々に広がっていった。

人口減少が急速に進む北海道で、電力会社を経営する難しさがあるのは確かだ。しかし、東京理科大の橘川武郎教授（エネルギー産業論）は「北電は原発を再稼働できず、再生可能エネルギー導入などによる電源の分散にも熱心ではなかった」とし、「ブラックアウトを起こした経営者の責任は検証されなければならない」と批判する。

「少なくとも送電部門は東日本と西日本の2社に統合すべきだ」（経済産業省幹部）。道内でのブラックアウト発生後、経産省や与党などで、電力会社再編論が公然と語られるようになった。特に送電部門は、合併で事業エリアが広くなれば、地域間で電力を融通しやすくなるなど利点が大きい。

エネルギー政策に詳しい与党議員は「北電だけで停電を防ぐ対策を進めるのは無理がある。他電力による北電の買収など大きな枠組みで考える必要がある」と話す。前代未聞の大規模停電は電力会社の統合につながるのか。全国の関係者は固唾《かたず》をのみ、他社の動きに目をこらしている。

再生エネの拡大に活路

うっすらと雪化粧に覆われた牧草地の先で、何台もの重機がせわしなく動いていた。宗谷管内豊富町内に広がる札幌ドームの約2倍の敷地で2018年秋、1千億円かけて世界最大級の蓄電池施設（総蓄電容量72万キロワット時）を整備する事業が始まった。

事業主体は、風力発電国内最大手ユーラスエナジーホールディングスなどが出資する北海道北部風力送電（稚内）。22年度末の稼働を目指している。電力需要が少ない道北の人家もまばらな地域に、なぜわざわざ巨大な電池を設置するのか—。

北電はこれまで、電力需要の大きい道央圏を中心に苫東厚真火力発電所や泊原子力発電所などの出力が大きい電源を置き、そこから全道各地に電気を届ける供給体制を構築してきた。北海道北部風力送電が計画する電気の流れは、これと逆。伊藤健社長は「再生可能エネルギーの豊富な道北地域から、電力需要地に電気を届ける流れを作りたい」と話す。

環境省によると、北海道は、陸上風力を整備できる伸びしろを示す「導入可能量」が全国の53％を占める一方、実際の導入量は18年3月末時点で35・8万キロワットと全国の10％程度にとどまる。人口の少ない道北の送電線は元々細く、その分、新たな電気を受け入れる容量は少ない。北電単独で新たに送電網を整備すれば、電気料金に跳ね返る可能性などもあって難しいのが実情だ。

北海道北部風力送電の事業は、国の半額補助を得て送電線を整備する「全国でも珍しいスキーム」（電力関係者）。発電量が天候に左右される風力の電気を、蓄電池で送電線に影響を与えない状態に整えて流し、電力会社などに販売する。施設完成を見込んで新たに66万キロワット超の風力発電建設計画も進んでおり、道北の再生エネ利用の底上げにもつながっている。

「人口希薄の現状が電気事業の経営面に及ぼす影響は著しい。送電線の亘長《こうちょう》（長さ）を大ならしめて投下資本の増大を招く」。北電が会社設立翌年の1952年にまとめた社内向け調査報告書には、広い道内の津々浦々に電気を供給する経営の大変さが書かれている。

厳しい経営環境は今も変わらない。北電の1平方キロ当たりの顧客件数は51件と他の電力9社平均の5分の1。契約する顧客1件当たりの送電線の長さは2・07メートルで、他の電力9社平均の1・8倍に当たる。

その構図は広大な鉄路の維持に苦悩するJR北海道の姿にも似る。同社の鉄路1キロ当たりの輸送人員は、道外のJR旅客5社平均の6分の1。北大公共政策大学院の石井吉春特任教授は「人口減少が進む中、民間企業が単独で道内のインフラを担い続けるのは今後さらに厳しくなる」とし、新たなビジネスモデル構築の必要性を指摘する。

北海道北部風力送電のように地方の再生エネを電力需要の多い地域に届ける取り組みは、北本連系線を通じて本州に電気を送るなど、北海道がエネルギー供給基地としての役割を担える可能性を秘める。風力なら道北やえりも町など日高管内南部、太陽光なら道東など多様な再生エネが、道内にはまだまだあるからだ。今回の全域停電(ブラックアウト)で問題となった電源の集中立地の改善につながる可能性も期待できる。

北電は18年4月に策定した経営計画で、再生エネの導入拡大を明記した。北電も北海道北部風力送電に数%出資するなど足がかりは保っている。経済産業省幹部は言う。「電力自由化が進む中、北電に足りないのは経営の主体性。もっと、アンテナを高く張って、主体的に経営判断をしてほしい」。新たなエネルギーに活路を見いだすのか、従来通りの運用を続けるのか—。道内の将来のエネルギー像を見据えた北電の経営判断が問われている。

胆振東部地震後の全域停電（ブラックアウト）について、北海道電力が進めてきた電源配置や、国のエネルギー政策について検証してきた。前代未聞の経験から生かせることは何か。福島第1原発事故で政府の事故調査・検証委員会委員長を務めた畑村洋太郎東大名誉教授と、「東京大停電」の著作のある金田武司氏に話を聞いた。

畑村洋太郎 東大名誉教授

利用者に向き合う好機

――北電は全域停電を想定した訓練を全社的に行っておらず、不備が指摘されています。

北電は全域停電で給電できなくなると、エンドユーザー（末端の消費者）に何が起きるか、具体的に想定していなかったのでしょう。（全域停電は）人や動物の生死に直結することを抽象的にしか分かっていなかった。腎臓病の透析患者を抱える病院や、搾乳できない牛が乳房炎になってしまう酪農家などのことを考えれば、これまでの大規模電源への投資額のうち１％程度でも別会計にして、こうした施設に蓄電池を整備することも考えられたはずです。

――福島第1原発事故を起こした東京電力と、北電に共通する部分はありますか。

どちらも社内で考え、声を上げようとした人はいたでしょうが、組織全体の動きになっていなかった。トップの考え方が変わることが必要です。私は物事を調べる場合、現地に行く、現物を見る、現地で人に会って議論するという『3現』を実践しています。（同じような行動を取れば）全域停電は、電力会社にとって利用者に向き合うチャンスといえます。

――電源集中の是非も議論になっています。

1カ所に供給力を集める計画で良かったのかは問われるべきです。電源を集中しないと電気料金は安くならないことは理解できます。ただ、その分だけ電力供給に脆弱《ぜいじゃく》さが生まれることを、みんなで共有することが必要でした。

――泊原発（後志管内泊村）が動いていれば停電を免れた可能性は。

泊原発が全域停電を起こした発電所（胆振管内厚真町の苫東厚真火力発電所）

から離れた場所にある以上、その可能性はあります。ただ、それだけで『原発が不可欠』という結論に結びつけるのは、世論が納得しないでしょう。

――北電の経営責任はどう考えますか。

こうした事態が起きると、『誰が悪かった』という議論になりがちですが、それだけではだめ。北海道全体の問題なのです。道民は、不運にも地震によって停電が起きた、という考えで固まっていませんか。それは『受け身』の姿勢です。全域停電により、道民は高い授業料を払ったはずです。そこから何に気付き、どう行動に移せるかが問われているのです。

はたむら・ようたろう　東京都生まれ。東大大学院修士課程修了後、1966年に日立製作所入社。東大工学部教授などを経て2001年から畑村創造工学研究所を主宰。著書に「失敗学のすすめ」など。77歳。

電力安定へ負担議論を

金田武司
ユニバーサルエネルギー研究所社長

――道内で起きた国内初のブラックアウトをどう見ますか。

胆振東部地震はタイミングが最悪でした。電力需要が少ない秋の夜間に、供給の半分をまかなう苫東厚真火力発電所の近くで過去に経験のない大きな揺れが起きました。災害は最悪が重なっているときにも起きることを教訓にしなければなりません。

――ブラックアウトを防ぐことは可能ですか。

絶対に起こさないための方策はありません。2003年の北米大停電では、遠く離れた場所で電線に木が接触したことで、発電所が連鎖的に止まり、大都市ニューヨークにまで被害が及びました。地震だけでなく、台風や火災などブラックアウトを引き起こす要因は多い。ブラックアウトが起きうることを電力会社は普段から周知すべきだと思います。

――電力自由化による競争激化で安定供給に支障が出ているとの指摘もあります。

電力不足のときは揚水発電所や小型の石油火発が力を発揮しますが、これらの設備は発電コストが高い。また、電力需給が不安定になり周波数が大きく変動すると、発電所に損傷が起きる恐れがあり、電源が送電網から切り離される可能性もあります。自由化で単に電気料金を下げればいいのではなく、安定供給に必要な負担をどうするのかを十分に議論すべきです。

――北電の責任をどう考えますか。

電力事業は鉄道や通信と同じように災害で機能しなくなるリスクが常にありま す。その責任をすべて電力会社に負わせるのは適切ではありません。停電のたびに補償していたら事業が成り立ちません。

――泊原発が稼働していれば今回の事態が起きなかったとの意見もあります。

泊原発の安定した供給力があればブラックアウトが起きにくいのは確かでしょう。ただ、原発自体が地震で止まる可能性もあるので万能ではありません。最近は原発の代替として、液化天然ガス（LNG）の利用が高まっていますが、LNGはタンカーで輸入されているため、事故や海外情勢の変化で供給が止まれば影響は深刻です。太陽光発電は二酸化炭素（CO_2）を出さない一方、森林を破壊し、景観を損ねます。すべての燃料には長所と短所があり、うまく組み合わせて使うことが重要です。

かねだ・たけし　東京都生まれ。東京工大大学院博士課程修了後、三菱総合研究所に入社。2004年にユニバーサルエネルギー研究所設立。18年8月に「東京大停電　電気が使えなくなる日」を出版。56歳。

第3章

気付かされたことは

2018年9月6日に発生した胆振東部地震とその後の全域停電（ブラックアウト）は、道内の防災や災害対応に多くの「盲点」や「死角」がある現実を浮かび上がらせた。私たちが突き付けられた課題と教訓は何か、考えたい。

あぶり出された「非常識」

同年9月6日の胆振東部地震発生から3カ月後の12月8日、千葉県松戸市の聖徳大で開かれた避難所・避難生活学会。講堂は医療や建築の専門家、弁護士ら100人以上の熱気に包まれていた。

日赤北海道看護大（北見）の根本昌宏教授（48）らによって15年に設立された学会の目的は、災害時の避難所環境をいかに良くするか――。「何よりTKB（トイレ・キッチン・ベッド）が大事」「もっと社会に提言しよう」。議論は9日午後まで延べ18時間に及んだ。

その中心の一つが道内871カ所の避難所に最大1万6千人超が身を寄せた胆振東部地震だった。民間の炊き出しが頻繁に行われ、段ボールベッドが早く届いた避難所があった一方で、何十人もが床に雑魚寝を強いられ、3食とも菓子パンや非常用ご飯が続いた所があったことも報告された。発生から1週間で避難所を閉鎖しようとした行政側と住民が対立した例も示された。

「日本の行政は常に『管理のしやすさ』を考えている」。新潟大特任教授の医師榛沢和彦さん(54)は強調する。温かい食事のためのキッチンカーや寝心地の良い簡易ベッド…。「被災者ファースト」のイタリアなどの海外事例をスライドで見せながら、「何より優先させるべきは避難者の都合だ」と力説した。日本の常識は世界の非常識だ、と。

管理優先 想像力欠く

「指定避難所以外の場所で、市の備蓄食料を配ることはできません」。北海道科学大（札幌市手稲区）の管財課長森田徳康さん（48）は、電話口の手稲区役所職員の返答に耳を疑った。

道内全域が停電した9月6日夜。自主的に開放した大学の中央棟に避難者が続々と集まって来た。札幌市の指定避難所ではないが、約300人が押し寄せた。

実は指定避難所は100メートル先の敷地内にあった。大学の体育館だ。そこには市の備蓄食料が積まれているにもかかわらず、避難者はわずか十数人しかいない。「中央棟でも配りたい」。そう願い出た大学への答えが冒頭の言葉だった。

中央棟に人が集まる理由は明快だった。ガスコージェネレーション（熱電併給）システムを備えていたおかげで、この一帯で唯一電気が使えたのだ。避難者は携帯電話の充電ができた。

大学は17年、停電時に中央棟を「避難拠点」とする覚書を区などと交わしていた。それでも区は食料配布はできないと主張する。「避難拠点は法律上、指定避難所とは違う。個数などを管理するためにも避難所でしか配れない」

大学は約千食の非常用食料を自前で備蓄していた。「もし停電が長引いたら…」。底を突く不安を抱えながらも、中央棟の避難

実質的な避難所となった北海道科学大中央棟。ロビーでは大学が自前の備蓄食料を配った＝2018年9月7日（北海道科学大提供）

者に提供した。学生も機転を利かせ、大型スクリーンを設置し地震情報を伝えるテレビニュースを流し続けた。

「学生の協力もあり、中央棟は立派に『避難所』として機能した」と森田さんは思う。停電が解消される翌日夜までに中央棟で配った食料は400食に上った。これに対し、区職員が体育館で配布した食料は50食にも満たなかった。大学関係者は「区の対応が避難者ファーストでなかったことは明らか」と残念がる。

内閣府の避難所運営ガイドラインは避難所について、被災者が「どれだけ自分らしい生活を送ることができるか」という「質」の向上に触れている。それは法律上の位置づけといった「形」だけの問題ではない。

震度7を記録した胆振管内厚真町。豊沢地区では住民が互いに助け合い、寄り添い、地域全体が大きな「避難所」となった。

住民が自ら動く

約160世帯が暮らす豊沢地区は、町中心部に通じる道道が激しい揺れで隆起し、半孤立状態に陥った。避難所の地区公民館も損壊して使えなかった。

地区に住むフリーアナウンサー山内香さん（59）は1時間ほど歩き、ようやくたどり着いた役場の混乱を見て思った。「自分たちで何とかしなきゃ」。自然豊かな地方の暮らしを求め、15年に出身地の神戸市から移住した山内さんは、1995年の阪神・淡路大震災を経験し、避難生活のストレスで心身を壊す人をたくさん見てきた。

地震当日の9月6日夜、傷みやすい食品の持ち寄りを呼び掛け、地区の約30人でバーベキューをした。さらに7日までに手分けして地区内を回り、住民の安否を確認したり住民の家を記した地図を作ったりした。

町は地震発生後、中心部から離れた地区に支援物資保管用のプレハブ小屋を設置した。住民は小屋などの管理係、支援物資を運び込む係の分担とルールを自ら決めた。小屋に不満や不安をつづる「ストレスはっさんノート」も置いた。

地区の自治会長門脇和雄さん（65）は「みんなで助け合い、豊沢にいたいと思った。何とか乗り越えられた」。町総務課長の青木雅人さん（57）も「町と地域が連携した『新しい避難所』のモデルケースになるかもしれない」と話す。

避難所・避難生活学会代表理事も務める榛沢医師は「避難所の運営に欠けがちなのは、避難者の置かれた状況を思う想像力」と言う。その上で「管理優先ではなく、被災者がより日常に近い形で生活を送れるような支援が必要だ」と柔軟な対応が欠かせないと訴える。

■「避難者ファースト」整備求める

被災者支援をめぐっては、被災者の権利保護などを定めた国際基準「スフィア基準」がある。国際赤十字などが1998年にまとめた。被災者が尊厳をもって生活を送る権利や援助を受ける権利のほか、避難所の最低限の環境整備＝表＝についても示されている。

■スフィア基準の主な例

長期避難の場合、トイレは20人に一つ（内閣府のガイドラインでは50人に一つ）

女性用トイレは男性の3倍必要

1人当たりの避難所床面積は最低3・5平方メートル（畳2枚分）。道の避難所マニュアルでは、1人当たり最低3平方メートル

プライバシー確保のため、シェルター（避難所）には十分に覆いのある生活空間を有する

適切な寝床を確保するため、毛布、寝具、就寝マットやマットレスを有する

おもてなしの穴

18年9月6日午前、新千歳空港にたどり着いた外国人旅行者は途方に暮れていた。集まった数は日本人も含め600人程度。未明の胆振東部地震と全域停電の影響で、JRも路線バスも運休する中、事態をのみ込めないまま帰国を目指す人たちが朝からタクシーなどで押し寄せていた。

空港ビルの天井は落下。停電も重なり、運営する新千歳空港ターミナルビルディングは「安全確保に困難が生じ復旧に相応の時間を要する」（阿部直志社長）と開港以来初めての全面閉鎖を決定。6日午前7時54分、会員制交流サイト（SNS）のフェイスブックで閉鎖情報を伝えた。日本語で知らせるのが精いっぱいだった。翻訳できる職員を確保し、ホームページで多言語の発信をしたのは夕方になってからだった。

「都市部ならホテルや避難所が旅行者らを受け入れてくれるはず」。ターミナルビルディングはそう期待し、札幌方面行きの貸し切りバスを手配した。信号機は止まっていたものの、依頼を受けた北都交通（札幌）は運転手と安全確認のための乗務員の2人体制のバスを用意。正午から夕方まで計11便を運行させ、乗客約450人を札幌中心部などに運んだ。このうち約6割が外国人だったという。

運転手の一人、福井佳之さん（53）は雑踏に消えた不安そうな外国人の後ろ姿が忘れられない。「『避難所はどこ?』『ホテルは空いてる?』と英語で聞かれたが、自分たちも適切な情報を持っておらず、もどかしかった」

17年度、道内を訪れた外国人観光客は279万人。前年から2割増え、過去最高を更新した。だが、胆振東部地震で、官民挙げての「おもてなし」の穴が露見した。

混乱は札幌市の避難所でも起きた。市は6日夕方までに中心部に観光客向け避難所を5カ所開設したが、非常電源が切れて使えなくなったり、収容人数が限界に達して受け入れを一時制限したりした所もあった。

閉鎖された新千歳空港から札幌方面に向けて運行する貸し切りバスの出発を待つ外国人観光客ら=2018年9月6日午後0時5分

市内には当時、約5千人の外国人がいたとみられる。市経済観光局によると、地方を走行中の観光バスが予定外の札幌にルートを変え、旅行客を避難所で降ろした例があったという。逃げ場を求めて流入してきた外国人は数百人程度と推測され、担当者は「市外から大勢が来ることまで想定していなかった」と話した。

外国人は市民の避難所にも向かった。JR札幌駅近くの北九条小には数十人が避難。近所に住み、5カ国語を話すイタリア人ピエール・ジラソーレさん(26)が通訳を買って出たが、「掲示された情報は日本語だけ。状況を把握できない人が多かった」と振り返る。

北広島市の自営業渡辺大悟さん(38)は6日夜、近所の国道で荷物を抱えた中国人カップルに出会い、自宅に泊めた。新千歳空港を目指し、札幌方面から真っ暗な道をひたすら歩いてきたことを知り、驚いた。「本当に無事でよかった」

「行政や事業者は現場で懸命に対応した。だが、さまざまな情報を共有できず、効果的な情報を伝えられなかった」。胆振東部地震での外国人対応を検証している北海道運輸局の奥田秀治観光戦略推進官はこう分析する。

情報を巡る課題は函館市でも浮き彫りに。地震直後、JR函館駅の公衆無線LAN

「Wi―Fi（ワイファイ）」設備が停電で停止し、外国人が構内の市の観光案内所に列を作った。情報収集をインターネットに頼る外国人旅行者にとってワイファイは欠かせない。

当時、函館市内では固定電話も不通となり、観光案内所職員は市の担当部署から情報を得ることに手間取った。市観光部は「ワイファイが使えるだけでも外国人の不安は軽減できる。備えが不足していた」と案内所への非常電源設備の設置を検討している。

運輸局は災害時に交通、宿泊施設、避難所などの情報を集約し提供する仕組み作りに着手した。奥田観光戦略推進官は強調する。「地震で減った外国人客を呼び戻すには、災害が起きても安心安全に滞在できる体制を構築する必要がある」

◇

■広域的な視点が必要

東日本大震災から1カ月後にいち早く日本ツアーを再開した香港の旅行会社EGLツアーズ袁文英社長（67）に、胆振東部地震での海外客対応について聞いた。

新千歳空港の閉鎖は大変なことで外国人はとにかく早く帰国したい、早く北海道から出たいと考えたと思う。観光地としてマイナスイメージを引きずらせないためには、問題を短期間で解決しなければならない。

新千歳が使えないなら、旭川や函館などの地方空港に旅行者を運ぶ──という広域的な視点が必要。海外に地方空港の機能をアピールすれば、路線誘致にもつながる。簡単なことではないが、官と民、各国の総領事館などが情報共有の面で連携することも大切だ。

地震後、風評被害もあった。海外に安全性をPRする際は、受け入れが整っていない地域との距離を示すなどの工夫も求められる。

善意が「誤報」に

「★苫小牧の自衛隊員さんより　苫小牧方面、まだ、大きな地鳴りがするとのこと（中略）お風呂に水は、溜《た》めておきましょう」

胆振東部地震から2日後の8日夕、札幌市の心理カウンセラー松本久美子さん（59）は自身のツイッターにこう書き込んだ。

友人から「苫小牧の自衛官が『地鳴りがする』と話している。大地震に気をつけて」

と電話をもらった直後だった。東京勤務時に遭遇した東日本大震災で何度も余震に襲われた恐怖がよみがえる。「この情報を役立ててほしい」。ツイッターのフォロワー（読者）は6千人。書き込みは次々リツイート（転載）された。

「苫小牧の自衛官情報」は8日ごろから各地で発信され、一気に広がった。陸上自衛隊北部方面総監部は北海道新聞の取材に「現地で活動した隊員が地鳴りを聞いたという事実は一切ない」と否定。松本さんも8日夜、別の友人から「あれはデマだよ」と教えられた。「結局事実でない情報を流してしまった」。善かれと思って伝えたのに……。今も複雑な思いを抱く。

道警は地震直後からツイッターやフェイスブックなどの会員制交流サイト（SNS）の書き込みを監視。その後、1カ月余りで「今日○時前後に地震や津波が発生する」といった根拠のない書き込みを200件以上確認した。

小樽商科大非常勤講師でネット教育に詳しい高橋大洋さん（51）＝札幌＝は「助言のつもりで伝聞情報を友人や知人などに転送する『善意の誤報』が拡散した。これが今回のデマの特徴」と分析する。

「何だ、これは」。同じく8日夜、苫小牧市危機管理室の担当者は1時間ごとに更新される避難者の数に目を疑った。停電がほぼ解消されたことで約80人にまで減った避難者が、同日午後3時以降、右肩上がりに増え、同10時にはついに3倍以上の250人に達した。

市内では8日昼ごろから「苫小牧で地鳴りがする」との情報がツイッターなどで出回り始めた。「書き込みを見た人が避難している可能性がある」。市職員はフェイスブックの市公式ページで「全て根拠のないもの」と懸命に打ち消した。

避難者が再び減り始めたのは、ほぼ丸1日後の9日午後。「パニックになれば二次被害の恐れもあった」と担当者は振り返る。「災害時のSNSへの対応も行政の業務になったと感じた」


情報伝達の速度と規模で良くも悪くも存在感を増すSNS。地震発生直後の9月6日午前、上川管内下川町のスーパーでは、下川商業高の生徒たちが薄暗い店内を走り回っていた。

停電で商品情報を読み取るレジの機械が止まり、店員は値段を確認するため、ボールペンとメモ用紙を手に何度も陳列棚との間を往復しなければならず、レジ前に買い物客の長い列ができていた。午前9時すぎ、これを見た同高2年の千葉悠希さん(17)が「伝達役」の手伝いを申し出た。

「ボールペンを持って集まってくれ！」。無料通話アプリＬＩＮＥ（ライン）で同級生らの仲間にメッセージを送ると、１時間足らずで11人が集まった。

客足が落ち着き、手伝いを終えたのは約４時間後だった。この間、みんなは陳列棚とレジの間を何十回も行き来した。千葉さんが書き取った値段は１００以上。「ＳＮＳじゃなければ、こんなに助っ人は集まらなかった」と千葉さんは思う。「助けてと呼び掛けたら、どんどん支援が広がる」。その力強さを痛感した。

石狩市のＩＴコンサルタント関聖二さん（36）は「インターネットは電話に比べて災害時もつながりやすく、ＳＮＳなどを通じて細かな情報を流せる利点がある。一方で、大量の情報の中から虚偽情報を見抜くことは難しい」と指摘。「行政にはＳＮＳ情報を吸い上げて正確なものを選別する役割が求められ、新たな体制づくりも必要だ。だが、何より利用者が『出典の不明確な情報は基本的に信じない』という姿勢を持つことが大切だ」と話す。

…………………

■ＳＮＳ　有力な情報源

北海道新聞社が２０１８年10月に行った胆振東部地震に関する全道世論調査によると、地震発生後、最も参考になった情報について、11％が「インターネットや会員制交流サイト（SNS）」と答えた。ラジオ（49％）、テレビ（17％）に次いで多かった。国や自治体が公表する情報や新聞を上回り、災害時の有力な情報源となっている現状が浮かぶ。

ネット上で飛び交ったうわさやデマ情報について、「信じた」と「ある程度信じた」が合わせて36％に上り、年代別では30代以下の層で58％に達した。うわさの真偽をどこの情報で確認したかとの質問では、道庁や市町村役場が27％と最多で、新聞社や放送局が20％。「特に確認しなかった」と答えた人も18％いた。

自由意見では「ネットや電話で確認したかったが、停電でできなかった」などの声もあり、全域停電（ブラックアウト）は情報確認の壁になったとみられる。

電力依存の盲点

胆振東部地震、そして全域停電（ブラックアウト）──。前代未聞の事態の中で「こんなところにも」と隅々まで張り巡らされた電力網を実感した道民は少なくない。上川管内の集合住宅で1人暮らしの女性（72）もそんな一人だ。

ピッ、ピッ、ピッー。9月6日早朝、寝室で寝ていた女性は聞き慣れない甲高い電子音にびっくりした。居間にある緊急通報システム機器のバッテリー切れを知らせる警告音だった。機器はまもなく停止した。地震発生から2時間、一帯はなお停電が続いていた。

市町村が独居高齢者らに機器を貸与して運用する緊急通報システムは、ボタンを押すだけで24時間助けを求めることができる。数年前に乳がんを発症した女性は睡眠障害もあり、突然、動けなくなることもあった。近くに頼れる家族や知人がおらず、機器は命綱だ。

「これも電気がいるのか」。女性は驚いた。「緊急時に使えないじゃないの」。停電しても食料は何とかなる。電灯が消えてもろうそくをともせばよい。でも、このボタンだけは…。「今倒れたら、誰に助けてもらえばいいのか」。幸い体調を崩さずに済んだが、電気が戻るまで20時間近く、不安の中で過ごした。

道によると、緊急通報システムを導入している道内自治体は、16年度時点で93％の166市町村に上る。独居高齢者が増える中、利用は伸びているという。

運用を受託する札幌の通信会社によると、担当する道内約8千戸の機器は全域停電後、8時間内にすべてが止まった。急病人の発生などはなかったものの、担当者は「交通がまひして直接訪問もできず冷や汗をかいた」と明かす。

北大大学院の萩原亨教授（交通工学）らが18年9月、道民約千人を対象にしたインターネット調査によると、胆振東部地震後に困ったことは「照明、街灯がついていなかった」「携帯、スマホの充電ができなかった」「携帯電話の電波が弱かった」と電力関連の項目が上位を占め、停電の影響の大きさを裏付けた。

全域停電が続く中、非常用発電機のある自治体庁舎などが携帯電話の充電場所として開放された。ほかにも思わぬものが電源として活躍した。

バスが充電所に

宗谷バスは地震翌日の7日朝、本社を置く稚内市内のバスターミナルなど3カ所に都市間バス計6台を配置した。16年、電子機器の充電機能を充実させるため、全都市間バスの座席の肘掛けにUSB端子を取り付けた。バス1台に28座席。燃料がもつ限りエンジンを掛け続けた。スマートフォンやタブレット端末の充電に訪れた人は同日夕までに約280人に上った。

「ありがとう」「助かった」。利用者から言葉を掛けられた同社営業部の石橋徹副部長は「サービス向上のためのＵＳＢ端子が偶然役立った。これほど集まると思わなかった。電源の重要性を痛感した」と話す。

登別市民はそのことを既に学んでいた。暴風雪による大規模停電が起きた「12年11月27日」を経験したからだ。氷点下の寒さの中、市内では最大４日間も電気が使えなかった。その記憶が９月６日も生きた。

全域停電の直後、複数の町内会の自主防災組織が市の助成で導入していた小型発電

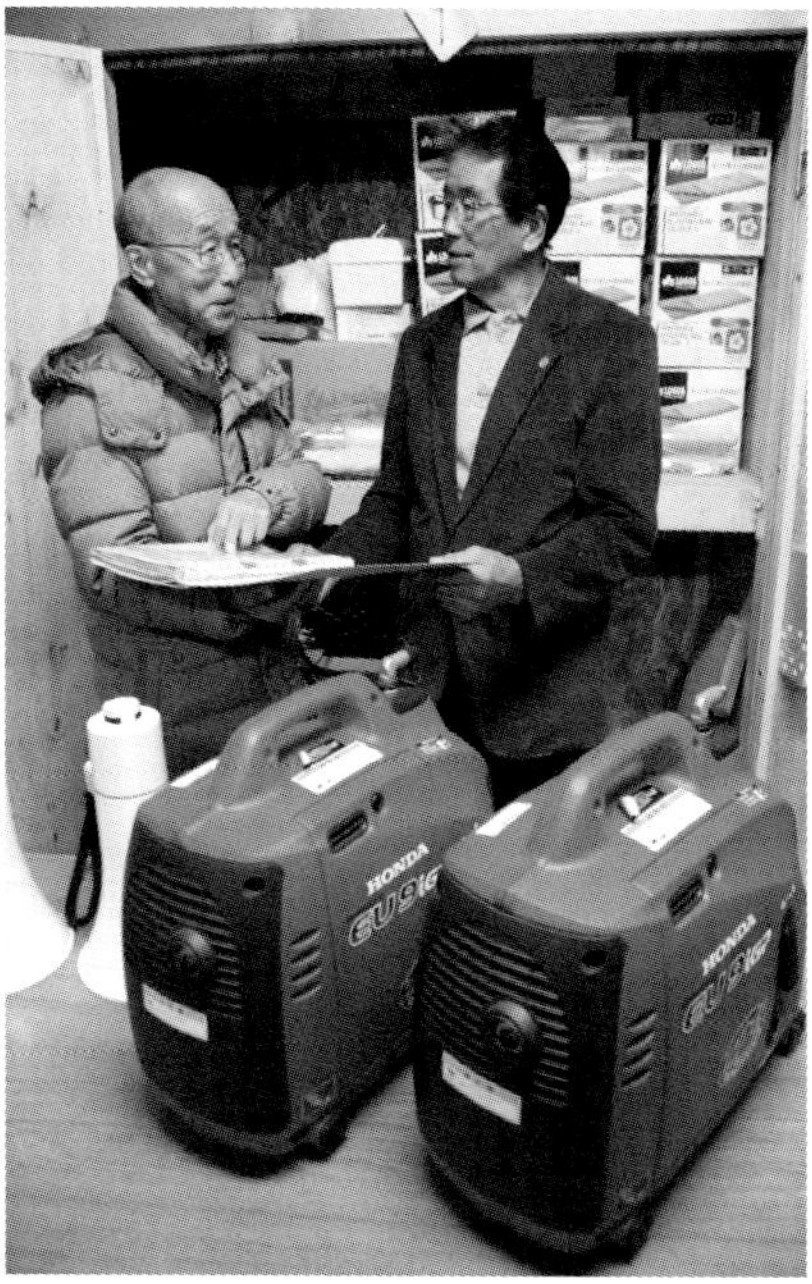

2012年の大規模停電を機に購入した小型発電機を点検する登別市若草町内会の伊藤さん（右）。教訓を生かし続けるため、手入れに余念がない

機を動かした。各地区の避難所には照明がともり、避難者はテレビのニュースを見ながら携帯電話の充電もできた。

「電気がなければ何もできない。それを実感しているからこそ」と若草町内会の伊藤秀男会長（77）は言う。町内会は今回、避難所で発電機2台を稼働させ、60～70人の避難者を受け入れた。6年前のあの日、「1人で家にいたくない」と避難所を頼ってきた高齢者たちが暗闇の中で寒さに震えていた。伊藤さんはその姿を今も忘れない。

民間防災シンクタンク防災都市計画研究所（東京）の吉川忠寛所長は「大規模停電に対応するには、発電機や予備バッテリーなどの代替電力の確保が欠かせない。電源の『分散化』は地域や事業所、個人などの幅広いレベルで必要となる」と話す。

■防災マップに停電対策を追加

胆振東部地震による全域停電を受け、札幌市は2018年11月、地震防災マップを改訂し、停電に関する項目を大幅に増やした。ホームページ（HP）でダウンロードでき市民以外も参考になる。

停電への備えを紹介する新たな欄では小型発電機やカセットコンロの準備、車の燃料のこまめな補給を勧めている。また、備蓄品のリストも見直し、車のシガーソケットから充電できるケーブルやスマートフォンを充電できるモバイルバッテリー、防災保温シートなどを加えた。
札幌市HP（http：//www.city.sapporo.jp/kikikanri/higoro/jisin/jbmap.html）で公開している。

現場での「応用力」

胆振東部消防組合消防署厚真支署に保管されていた8時間に及ぶ音声記録。そこには9月6日の胆振東部地震の混乱と奮闘、署員たちの無念が詰まっている。

3時08分ごろ「厚真消防です。もしもし、もしもし！」「電話が聞こえない！」

3・38ごろ「準備して。幌内と吉野、住宅倒壊！」

午前3時7分の発生直後、119番の固定電話専用回線は途絶えたが、総合デジタル通信網（ISDN）回線と携帯電話の119番システムは生きていた。電話機の録音装置が切迫した住民の通報や署員の受け答えの声、司令室内でのやりとり、物音を残していた。

3・49ごろ「倒壊はいったい何軒なんだ？」「とにかく、出れる人は出て！」

怒鳴り合う署員の後ろで緊急地震速報が断続的に鳴る。「ピロッピロッ、地震です…」。消防車のサイレンがうなり、現場の声が無線スピーカー越しに響く。

4・00ごろ「…吉野の現場に迂回《うかい》して向かいましたが…到着できません」「吉野に行けません！」

4・47ごろ「…桜丘…建物が20メートルくらい流されて、2階しか残っていない！」

この日一番に出動した消防士長の小納谷《こなや》大蔵さん（38）は「悔しかった」と振り返る。土砂に行く手を阻まれ、最初の出動で吉野地区に入れなかった。「資機材不足と人手不足で対応できないことが多かった」

署員にとって土砂災害は初めての経験で「電話や無線ではとても現場の惨状を伝えきれなかった」。小型無人機があれば、もっと早く被害状況が分かったかもしれない。軽自動車の消防車があれば、狭い農道を走り、土砂に覆われた道路を迂回できたかもしれない。どの農道がどの地域に続くか地図を作っておけば…。後悔は、今もきりがない。

9・30ごろ「…ヘリ救助！　下の○○さんは生きてる！　家倒壊して下敷きになって体出せないから、のこぎりとかジャッキとか持ってきてくれ！」

「みんな出払って、すぐは厳しいかもしれない」

「何とか早くして！ まだ生きてるから…、お願いします…、大至急！…」

厚真、安平、むかわ3町でつくる胆振東部消防組合が12年に改訂した「消防計画」は、各町単独の災害を想定していた。厚真町で被害が出れば、安平やむかわから応援に来るという計画。だが今回は3町とも大きな被害を受けた。

「組合全体が被災する地震は想定していなかった」。同組合の松永忠昭消防署長(57)は漏らす。「阪神大震災や東日本大震災を見ても自分たちは内陸で大丈夫だと思った。甘かった」

道警広域緊急援助隊特別救助班班長の作田隆行さん（39）は地震直後、大規模な土砂崩れが起きた厚真町朝日、吉野地区に入った。

大型重機が入りにくい場所での救出は「マンパワーが全てだった」と作田さんは言う。仮に重機を使えても不明者の手がかりが見つかれば、手作業に切り替えなければならない。一緒に作業した自衛隊員はスコップを使い、何十メートルも流れた大量の土砂をすさまじい勢いで掘り進んだ。「一人一人の作業量が圧倒的で、警察も学ばなければと思った」

手作業の効率を上げること。全体の被害状況をいち早くつかみ、緊急度の高い現場から人を送り込むこと。資機材の制約など「想定外」の状況に対応できる応用力を高めること――。これが作田さんたちが今回気付いた三つの課題だ。

9月6日夜の吉野地区。道警特救班の工藤開陽《はるひ》さん(26)たちは、がれきを何時間もかけて取り除き、女性1人をようやく引き上げた。だが、助からなかった。

未開封の飲料水で泥だらけの女性の顔を丁寧に洗った。「こんなことしかできないが…」。悔しさが募る。せめて少しでもきれいにして家族に会わせたかった。

昼夜ない厳しい現場。わずかな休憩中も自分はどう動くか、どうすれば迅速に救助

大量の土砂に行く手を阻まれ、ようやく到達した厚真町吉野地区で、救出作業を続ける消防隊員ら＝2018年9月7日

できるか。工藤さんはあれこれ考えて休めなかった。こんな災害は、ない方が良いに決まってる。それでも「起きてしまう」のだ。あらためて実感した。

■全国の消防機関が結集

大規模災害や特殊な災害が起こり、被災地の消防機関だけで対応が困難なときは、全国の消防機関が集結して消防・救助・救急活動にあたる「緊急消防援助隊」が被災地に派遣される。

緊急消防援助隊は、被災地の都道府県知事から応援要請を受けた消防庁長官が、あらかじめ登録された各都道府県隊に出動を指示する。北海道隊は2018年4月現在、道内各地の356隊が登録。情報把握や指揮を消防庁が一元管理し、迅速な救助につなげる仕組みだ。

1995年1月の阪神大震災で、全国の消防局・消防本部が独自に救助に向かい、活動地域が偏ったり、十分な情報が行き届かなかったりした教訓を基に、同年6月に創設された。

胆振東部地震でも、地震発生の18年9月6日から厚真町内で最後の行方不明者が発見された同月10日まで、東北6県や東京、神奈川、埼玉などから延べ642

……隊2632人が現地入りし、救助活動などを行った。

災害協定の油断

「物資はまだか…」。胆振東部地震発生から半日が経過した9月6日午後。札幌市産業振興部の田中俊成部長（55）は、市役所庁内の自席で気をもんでいた。

市は災害時に食料を提供してもらうため、14の企業・業界団体と協定を結んでいた。開設した避難所300カ所に各1000人が来ると想定し、1人3食、計9万食分の確保を目指した。すぐに連絡を取り、6日午前には大福やどら焼き各7万個、パン1万個、飲料水3万本の調達にめどをつけた。企業とのやりとりはスムーズで、職員は「協定のおかげだ」と安堵《あんど》した。

だが、その後がうまくいかなかった。市は食料を企業の倉庫から市の集積所に運び、そこで仕分けをしてから各避難所に届ける計画だった。一連の実務は協定を結ぶ札幌地区トラック協会などを当てにしていたが、ブラックアウトが壁になった。多くの信号が消える中で「車を走らせられない」「運転手を確保できない」…。加盟各社から次々と断られた。

物資は確保したのに、運べない――。市は自衛隊に輸送を要請した。陸自が集積所に物資を届けたのは7日午前0時すぎ。仕分けをこなし、全避難所に配り終えたころには同午後9時を回っていた。「市や自衛隊には運送業界のノウハウがなく、物資の仕分けにかなり手間取った」と市の担当者は振り返る。

協定企業が持つ能力、抱えるリスクは何か。市は何ができて何ができないのか――。「定期的にシミュレーションして初めて協定が最大限の力を発揮すると分かった」と田中部長は漏らす。災害時の大規模停電は今後もあり得る。協定を結ぶだけなら「机上の空論と変わらない」と思い知った。

地震直後、大きな被害を受けた胆振管内厚真、安平、むかわ3町でも、集積所での物資の仕分け作業が滞った。食料などが雑然と積まれ、どこに何があるか分からなくなっていた。

ヤマト運輸北海道支社（札幌）は、道と協定を結ぶ道トラック協会の要請を受け、15日から支援物資を3町の集積所に運んだ。「初めて被災地の集積所を見た時は驚いた」と担当者。「あの状態では迅速に避難所に届けられない」。同じ光景は11年の東日本大震災でもあった。

「行政側が管理しきれないのは当然」と同支社の渡谷悦史《よしひと》マネジャー（46）は言う。

ドライバーらは集積所で物資を種類別に分け直し、独自の倉庫管理表も作った。「大事なのは『できることをできる人がやる』こと。協定はその役割分担を前提に作る必要がある」

北海道認知症グループホーム協会会長の宮崎直人さん(56)も「協定は結んで終わり、じゃない。『使える協定』にしていかないと意味がない」と強調する。

協会は13年、災害時に会員施設が助け合う「おせっかい協定」を策定し、柔軟に使える資金として基金100万円を積み立てた。手続きの混乱を防ぐため、領収書による事後精算で物資を買えるよう規約も整えた。何より「災害時は動ける人が動こう」と施設間の意思疎通を欠かさなかった。

被災地に届く支援物資の集積所で物資の受け入れや仕分け、配送を一手に支えたヤマト運輸。3町で避難所が閉鎖されるまで支援は続いた＝2018年9月20日、むかわ町

「協定を結んだ上で日常的にコミュニケーションを取っている。だから、いざというときに相手が求める支援を想像できる」と宮崎さんは語る。今回も「想像力」で必要な物資を必要なだけ被災地の施設に届けた。

9月8日夕、運送業「東森商運」(北見)の森田昌明さん(47)は10トントラックのハンドルを握り、厚真町に向かった。荷物は日赤北海道看護大(同)に備蓄していた段ボールベッド200個。道との協定に基づき輸送を頼まれたものだ。

道路があちこち寸断する中、大回りでようやく同日深夜、厚真町の避難所に到着した。「これでみんな少しは楽になる」と、待ちわびたボランティアらがトラックに駆け寄ってきた。走った距離は400キロ近く。だが疲れは感じない。

森田さんは東日本大震災でも道内の支援物資を被災地に運んだ。がれきに埋もれた道に苦しみ、給油にも苦労した。それでも山中の小さな避難所まで届けた。「困っている人がいれば、走れる限り走る」。協定とは、人の思いがあってこそ血が通うのだと思う。

……………

■輸送業界との連携に遅れ

一般財団法人「日本防火・危機管理促進協会」(東京)が全国市区町村を対象

に行った「地方自治体の災害時応援協定に関する調査」(2013年)によると、回答した591市区町村のほぼすべてが企業などとの間で何らかの協定を結んでいた。1市区町村当たりの締結数は20未満が25%と最多で、次に30未満、10未満が続いた。

締結内容を分野別で見ると、「食料品、飲料水の供給」「日用品の供給」「道路の復旧」は半数以上の自治体で協定を結んでいた。その一方で、運送やトラック会社などに依頼する「物資輸送」は約4割にとどまった。また、支援者用の宿泊施設の供給やボランティアセンター立ち上げなどの「支援受け入れ態勢の構築」は約8割が未締結だった。

協定の課題については「訓練による実効性の検証ができない」が36・3%と最多。平時からの連絡調整や訓練など実効性の確保に向けた取り組みを「何もしていない」と答えた自治体は38・3%に上った。

善意の生かし方

胆振東部地震から6日後の9月12日朝、3千棟以上の家屋が損壊した胆振管内むかわ町。町災害ボランティアセンター（VC）前には道内外から約100人が集まっていた。「こんなに来るなんて」。運営する町社会福祉協議会事務局長の加藤務さん（59）は、思わず目を見張った。

町としてボランティアをまだ募集しておらず、とりあえず集まった人の待機場所を決め、慌てて想定される作業と人数の洗い出しやボランティア保険の加入手続きを始めた。

最も必要な損壊家屋の片づけ作業は、大きな余震が続く中、二次災害に巻き込まれる恐れがあった。それでも「せっかく来てくれたから」と避難所運営などの安全な作業を頼むことにしたが、準備に時間がかかり、現場は混乱。加藤さんは「気持ちは本当にありがたかった。ただ、大人数を受け入れるには、もう少し時間が必要でした」と申し訳なさそうに話す。

安平町社協は地震後、被災者の相談を受け付けるため、町民限定の専用ダイヤルを開設した。ところが「炊き出しをしたいんだけど」「ボランティアに行くにはどこに相談すればいい?」などと町外からの問い合わせが殺到した。社協職員は「本来の相談業務が進まなかった」とこぼす。当初、ボランティアを事前申込制にした厚真町には「申し込みの電話がつながらなかった」と、飛び込みでやって来た人もいたという。厚真町社協事務局次長の山野下誠さん(47)は「被災者のニーズと優先順位の把握が不十分だった。集まってくれたボランティアの力を必要な所で生かし切ることができなかった」。

道社協は1年半ほど前から各市町村社協などに対し、災害VCのマニュアル作りを促しているが、18年12月14日現在、被災3町を含む149市町村が未作成。胆振管内11市町の社協による同年10月末の会議では、3町から「VCの開設や運営の手順、災害対策本部との役割分担を整理しておくべきだった」と悔やむ声も漏れた。

ユースホステル「リフォレ積丹」マネジャー加藤明さん(61)は阪神大震災や東日本大震災、西日本豪雨など全国でのボランティア経験を生かし、今回も厚真、安平両町に駆け付けた。手探りでボランティアへの対応に追われる職員を見て「町単位でなく、被災地域全体を見て調整する人や機関が必要だ」と感じた。

「例えば道や中核市の札幌が主体となり、被災地とボランティアの要望を集約し、マッチングさせる方法もあったのではないか」。加藤さんはこう語り、「交通の便の良い札幌にまずボランティアを集め、仕事や人数を調整してからボランティアバスで3町へ送り出せば、支援したい人も入りやすいし、自治体の負担軽減にもつながると思う」。

胆振東部地震で活動したボランティアは、18年12月9日までに延べ約1万2千人に達した。活動は3町とも週末のみで、災害支援そのものは落ち着きつつある。

「ダイちゃん、こっち!」。同月初め、安平町の「はやきた子ども園」。町民有志が設立した一般社団法人「復興ボランティアセンター」の餅つき大会で、引っ張りだこの若者がいた。

9月15日から同町でボランティア活動をする埼玉県の台正人《だいまさと》さん(23)。バイクで

安平町復興ボランティアセンターが主催する餅つきで、町民らと笑顔を見せる台正人さん(右から2番目)=2018年12月8日、安平町早来

旅し、ブログによる情報発信で生計を立てている。旅先で知り合った友人らが住む北海道で地震があったと聞き、初めてボランティアの世界に飛び込んだ。

倒壊家屋の掃除や避難所の運営を手伝いながら、被災者なのに他人を励ます人や「地震というピンチをチャンスに変え、良い町をつくろう」と話す人に出会った。その前向きさに驚いた。「もっと寄り添っていたい」。1カ月で帰る予定だった台さんは11月中旬、安平への移住を決め、同センター職員となった。

災害ボランティアから、復興ボランティアへ──。「いつか僕らが『必要ない』と言われるくらい、マチが活気づいたらいい」

その日まで、安平の人たちと一緒に歩こうと思う。

■災害被災地での特色ある支援活動事例

●災害ボランティア登録制度（岡山市社会福祉協議会）

【内容】 平時に資格や緊急連絡先などを社協に登録。年1回、災害時のシミュレーションなどをする養成講座がある

【利点】 災害時の活動の流れや被災地に入る際のマナーなどを事前に確認できる。災害ボランティアセンターを閉鎖した後の被災者のニーズにも個別に調整し、対

応することが可能

●ボランティアバスの運行（京都府災害ボランティアセンター）

【内容】西日本豪雨後、ボランティアが多く見込まれる土日などに合わせ、京都駅から北部の3市に専用バスを運行。事前申し込み制で約450人を無料で送迎した

【利点】大人数を一度に送迎することで被災地の渋滞などを解消できるほか、ボランティアも参加しやすくなる

●仮設住宅での傾聴ボランティア（NPO法人　仙台傾聴の会）

【内容】東日本大震災後、定期的に仮設住宅などでの戸別訪問や茶話会を行っているほか、ボランティア向けの傾聴スキルの養成講座も開催

【利点】特設の災害ボランティアセンター閉鎖後も長期的に避難者に寄り添い、孤独感の解消などにつながる

●被災地域での送迎活動（NPO法人　移動支援Rera）＝宮城県石巻市

【内容】東日本大震災後、自家用車をなくしたり仮設住宅に移ったりしたことで移動に支障がある人を病院や仮設風呂などに送迎。週2回が上限

【利点】高齢者や障害者など災害後の交通弱者の外出をサポートし、孤立の解消

…………

などにもつながっている

※内閣府の活動事例紹介などより

第4章

沈んだマチから

胆振東部地震は2018年9月6日午前3時7分、胆振地方中東部を震源として発生した。震央の北西約50キロに位置する札幌市清田区里塚の住宅地では地下で液状化現象が起きた。地盤の激しい動きに巻き込まれた当時の状況を、住民の証言などから振り返る。

土砂1万立方メートル 里塚覆う

札幌市清田区里塚1の元警察官荒虫《あらむし》昭彦さん(76)=地震で自宅は一部損壊と判定=は18年9月6日のその時、トイレに行こうと目を覚ましていた。突然「ダダダダダ」と激しい縦揺れに襲われた。携帯電話から緊急速報メールの着信音がけたたましく鳴った。

揺れが収まった後、10分もたたないうちに「ザーザーザーザー」という音が静まりかえった住宅街に響き始めた。「雨か」と思い、中2階の寝室の窓から外を見ると月が輝いている。見下ろすと、家の前の坂道を水が流れていた。まるで急流だった。思わず「あぁー」と声が出た。

同じころ、荒虫さんの向かいに住む元会社員石田厚志さん（64）＝同全壊＝も大きな水音を聞いた。懐中電灯を手に外に飛び出すと、「ものすごい量の水が道を流れていた」。

午前3時18分ごろに札幌豊平署中央通交番（清田区平岡1）の警察官が里塚に到着した時には、坂道を下りきった所に、膝の高さほどの水がたまっていたという。

この水は、水道管の破損によるものと後で分かった。修復が午前10時半すぎに終わるまで水は噴出を続け、下水マンホールから近くの三里川へ流れ出ていったとみられている。

水道水の噴出が続く中、しばらくすると別な現象が発生した。

「最初は水が流れてきていたが、だんだん土砂混じりになり、午前4時少し前に土砂がどっと押し寄せてきた」。坂を下った所に住む里塚1の元会社員近藤脩《おさむ》さん（66）＝同大規模半壊＝の証言だ。

揺れで液状化した地下の土砂が、坂の途中から地表に噴き出て流れ寄せてきたのだった。水から土砂への変化は、札幌市によると、地震から1時間ほどたってから起きたとみられる。水と、液状化した土砂―。2段階の流れに里塚は見舞われていた。

押し寄せた土砂は大量で、札幌市の推計では約1万立方メートル、25メートルプール33杯分という。坂の下の旧国道の一帯は土砂で埋まり、車は身動きがとれなくなった。午前4時27分、住民から市消防局に「土砂で1階の玄関が開かない」という通報が入った。

そのころ、坂の上の宅地では激しい地盤沈下が広範に発生していた。里塚中央ぽぷら公園では地盤が3メートル沈み、公園に面した元会社員佐藤実さん（63）＝同全壊＝の家は大きく傾き、隣の家にもたれかかるような状態になった。

地震から1カ月以上が過ぎた10月18日。札幌市が清田区体育館で開いた説明会には、約300人の里塚の住民が集まった。

札幌市清田区里塚1の旧国道に堆積した大量の土砂＝2018年9月6日午前8時50分

この場で、地震当日の土砂の大量流出と地盤沈下が液状化現象によることと、一帯の宅地が盛り土によって造成されたことが初めて市側から報告された。

谷や斜面などを土で埋めて平らにした盛り土の土地は、揺れに比較的弱いとされる。液状化した地下の土砂が、かつての沢の傾斜に沿って流れ下り、それに伴い地表の沈下も引き起こされたと説明された。水道管破裂による水噴出と液状化については、直接の因果関係のない別の事象との分析が示された。

自分たちは不安定な土地に暮らしてきたのか――。里塚の多くの住民が胆振東部地震によって足元への不安を強めることとなった。

旧河川に沿い地下に排水溝

地盤の液状化が起こった里塚地区はかつては畑が広がり、地区の中央を北東へ向け三里川が流れていた。札幌市などによると1970年代後半を中心に行われた宅地造成は、尾根部分から切り出した火山灰土などを谷や斜面に盛り土して行われた。

現在、地下3～11メートルにはかつての三里川の筋にほぼ沿って地下排水溝が埋設されている。

液状化現象は、地震により土砂の粒のかみ合わせが外れて土砂が液状になり、地表が地下水の上に浮いたような状態になること。土砂が締め固まっていなかったり、地下水位が高い場合などに発生しやすいとされる。

今回の液状化について札幌市などは、地下水を含む盛り土部分で起きたと分析している。液状化した土砂は、かつての三里川の筋に沿って低い方へ流れ途中で地表に噴出し、土砂の大量流出と地盤沈下を招いた。

液状化は、水道の破損箇所より標高が高い場所の地下から発生しており、札幌市は両者は別の事象とみるが、「水の噴出が、液状化による土砂流出を勢いづけた可能性はある」とする。

■高い地下水位　2018年夏の豪雨影響か

道立総合研究機構環境・地質研究本部地質研究所の広瀬亘主査（地質学）に里塚の地盤の液状化現象の原因などを聞いた。

◇

液状化では通常、流動化した土砂が地上に噴き上がる噴砂が発生するが、里塚では少なく、流動化した土砂が横方向に移動し斜面から噴き出した。これは比較的特殊な事例だ。

清田区の多くは火山灰台地だ。火山灰台地は軟弱なのが特徴で、雨に浸食されやすく、多くの谷が刻まれた。造成の際には近くで切り出した土で谷を埋めるのが通例で、里塚でも近隣の火山灰で谷に盛り土したことが現地調査などで分かっている。

地震当時は地下水位が高くなっていた。原因はさらに検討が必要だが、2018年夏に何度かあった強い降雨の影響を考慮する必要がある。軟らかくなっていた土の上に家がのった状態だった。そこに地震が起き盛り土が液状化し、土砂がかつての谷地形に沿って低い方へ移動し流れ出たのだろう。

自宅失いさまよう住民

札幌市清田区里塚1の佐藤実さん(63)の住宅の解体が19年1月9日に終わった。

前年9月6日の胆振東部地震で約15度傾き、全壊した。家屋を行政が撤去する公費解体の市内第1号となり、解体は12月中旬に始まった。油圧ショベルがわが家を崩していく。佐藤さんは仮住まい先から1日おきに通い、作業を見つめながら「何もなくなっていくのかな」とつぶやいた。

祖父母、旭川から呼び寄せ里塚でみとった父と母、若くして亡くなった2人の兄をまつっていた仏壇も魂抜きをして廃棄した。「祖父の代から大事にしてきた。こんなことになるなんて」。声を詰まらせた。

地震は人々の暮らしをあっけなく壊した。196万人が暮らす札幌の南東部に位置する清田区は震度5強の揺れに襲われ、閑静な住宅街の里塚地区では大規模な液状化による土砂流出と地盤沈下が発生。最も激しかった場所では地盤が3メートル沈み、道路は約40カ所で陥没した。建物被害は533棟に及び、うち64棟が全壊した。

佐藤さんは1981年に建て売りでその家を買った。北広島の建材メーカーに60歳まで勤め、退職後は趣味のオーディオなどを楽しむ静かな日々。離婚を経て一人で暮らす。休日には公園で遊ぶ子どもたちの明るい声が響くこの街が気に入っていた。だが地震で全てが変わった。37年間暮らした家があった場所は更地となった。何もない空間に雪が舞う。「寂しいよ」。一言を絞り出した。

佐藤さんは地震後、白石区内の親戚宅に一時身を寄せ、10月から里塚の約1・5キロ北の清田区平岡のアパートに仮住まいしている。

市が民間賃貸住宅を借り上げて被災者に提供する「みなし仮設住宅」の制度を使った。部屋の広さは解体した里塚の家の3分の1以下の45平方メートル。家財道具の多

自宅（正面向こう）の解体作業を見守った後、立ち去る佐藤実さん＝2018年12月14日、札幌市清田区里塚1

くは処分した。仏壇を廃棄したのは、狭くて運び入れることができなかったためだ。居間にテレビ、ミニコンポなどを置き、両親の遺影は押し入れの中に立てかけた。

毎朝2時間かけ新聞を読み、外出は買い物程度。夕食後、ヘッドホンで洋楽を聴く。ひとりの時間が流れていく。「顔なじみのいる里塚でもう一度暮らしたい」。佐藤さんの今の抑えがたい思いだ。全壊判定により解体は公費でできたが、住宅再建への市の支援は最大300万円。家を建て直すか、この年齢で借金をして大丈夫か、あるいは借家を探すか。悩みが尽きない。

地震による地盤の液状化で大規模な地盤沈下が発生した札幌・里塚。被害が最も大きかった里塚1の約330世帯でつくる里塚中央町内会によると、19年2月現在、約60世帯がみなし仮設住宅や親戚宅に身を寄せるなどして住人不在の状態だ。解体を待つ家々が雪の中に静かに立ち並び、夜は町内会有志が防犯パトロールを続けている。住み慣れた街を離れている人たちは今、それぞれの苦難の中にいる。

「地震後の5カ月で引っ越しを3回繰り返した。大変だった」

清田区平岡のアパートの一室で会社員の川口富也さん(38)は語る。

川口さんは、妻真由美さん(45)の親の家を譲り受けて08年から里塚1で家族4人で暮らしてきた。地震で家は全壊し、その日のうちに北広島市内の妻の実家に避難した。大きく傾いた家で荷物をまとめる際、真由美さんと小学5年の長女が目まいを訴え、体調を崩した。

9月下旬に清田区内の市営住宅に移ったが、手狭だったこともあり11月下旬に今のアパートに移った。転居場所を決める際には、中学2年の長男と長女が通う学校が変わらないことを最優先に考えた。「引っ越しですっかり疲れてしまって。費用もかさみました」と真由美さんは振り返る。

里塚の自宅は近く公費解体する予定だが、家を建て直すかどうかで川口さんも迷いの中にいる。子供たちは里塚に戻りたがっており、「建て直すのが一番いい」と思う。「だが費用をどうするか。地盤が市の計画通りに復旧されるのか」。みなし仮設住宅の入居期限の2年のうちに見極めねばならない。

里塚1の自宅が全壊した元会社員石田厚志さん（64）は地震後の18年9月下旬、厚別区にある妻恵美子さん（65）の実家に母（88）を連れて転居した。「家を建てると借金を負うことになる。この年齢からでは無理だ」と決断した。

里塚で37年間暮らした。「去るのは残念としか言いようがない」と無念の表情を浮かべ、「今は新しい生活に慣れることに精いっぱい」と語った。

■建物被害　清田区は2100棟

胆振東部地震では、震源に近い胆振管内だけでなく、札幌圏の住宅地でも多くの建物被害が出た。

道と札幌市によると、道内で「全壊」「半壊」などの判定を受けた建物約2万7000棟のうち、3割近い約5300棟の被害が札幌市で発生。その4割の約2100棟が、地盤の液状化が各所で発生した清田区に集中した。宅地の崩落があった北広島市でも約300棟に被害が出た（いずれも2019年1月16日時点）。

建物被害は、住民への罹災証明書発行数から集計している。自治体の再調査で新たな被害が判明するケースがある。

責任は、補償は平行線

19年1月11日夜。札幌市清田区の清田区民センターの一室で、同区里塚地区の住民約20人と大手ハウスメーカーA社の男性社員2人が向き合っていた。「高いお金を出して買った家と土地。納得しがたい」と住民たちが詰め寄り、「そうですね…」

とA社側は言葉を濁す——。非公開で約2時間続いた会合では、そんな場面が何度も繰り返されたという。

前年9月6日の胆振東部地震で、土地の液状化で多くの建物被害が出た札幌・里塚地区。一部住民が今、分譲した企業の責任を追及する構えを強めている。

A社は04年、里塚1の西部で27区画(0・6ヘクタール)の分譲地を発売した。自営業の太田亮《あきら》さん(42)は06年、A社から1区画と住宅を購入した。

太田さんは、A社の営業担当者から「岩盤で丈夫な土地。くいは打たなくていいし、地震保険に入らなくても大丈夫」と言われたことをはっきり覚えている。だが地震で家は南東側が約7センチ沈み、半壊と判定された。その後の札幌市の説明で、土地は岩盤ではなく、斜面に土を盛って平らにした盛り土だと知った。

盛り土の地盤は比較的軟弱とされる。地震後も家族4人で傾いた家に暮らす太田さんには、家のローン約2千万円が残っている。「営業担当者を信用してくいを打たず、地震保険に入らなかった。うそをつかれたのに自費で家を直すのは筋が違う」と憤る。

住民たちによると、27区画のほとんどの世帯が太田さんと同様の説明を受けていた。東隣で別の会社が1979年に造成した宅地に比べ若い住民が多い。被害が出たのは6棟だが、大半でくいを打つなどの液状化対策をしておらず、今後への不安も強まった。住民たちはまとまり、18年11月から3回にわたりA社との協議を重ねている。

これまでにA社は、①元はゼネコンのB社が1972年に資材置き場として盛り土などにより造成した土地だった②わが社は2004年にB社からその土地を購入したが、当時のB社の担当者に盛り土の認識がなかった③したがってわが社も盛り土の認識がなかった④営業担当者は「岩盤のように良い土地」と比喩的に言った——などと説明。

販売時に盛り土の説明をしなかったことと建物被害の発生は無関係だとして、住民への金銭補償は「考えていない」とし、話し合いは平行線が続いている。

住民は、72年に造成に当たったB社にも説明を求めたが、拒否された。B社は北海道新聞の取材にも「お答えできない」とする。

B社の造成は札幌市が許可していた。市は「法に基づき適正に許可した」とする。ただし当時は、盛り土は厚さ30センチごとにローラーで固める——といった安全措置が宅地造成等規制法に盛り込まれる06年改正の前で、盛り土に法的基準は事実上なかった。B社が当時どのような盛り土工事を行ったかは現時点は不明だ。

「地盤に被害が出た場合の責任追及が難しいことが今回分かった。住民は行き場のない不満を抱えている」。住民のまとめ役の男性（43）は指摘する。

欠陥住宅被害全国連絡協議会代表の吉岡和弘弁護士（仙台市）に、地盤被害に遭った住民に何ができるかなどを聞いた。

◇

■「丈夫」と販売　不法行為責任も

東日本大震災による液状化で被害を受けた千葉県浦安市の分譲住宅地の住民が、分譲販売会社に損害賠償を求めた訴訟は、２０１６年に最高裁で住民側の敗訴が確定しています。しかし、これは１９７０年代の宅地造成事案で、当時は液状化がさほど注目されていなかった時代です。

その後、大地震の度に液状化被害が発生し、宅地造成に関する工事指針が作られ、業者は液状化に強い宅地造成を目指すようになっています。

地盤を巡る訴訟は造成工事の過失の立証が難しいなどの理由でまだ少ないですが、里塚のように業者が「岩盤で丈夫な土地」と言って販売していたのであれば、業者の発言を証拠化することで不法行為責任を追及できる可能性はあります。

宅地購入の際は、開発前の地形図や行政の液状化予想図などを取り寄せ、土地の履歴を知ることが大切です。地盤を不安に思う方は地盤や建築の専門家に相談し、被害に遭う前に対策を講じることが必要です。

崩れた土中 古い擁壁

崩れた土の中から住民たちが知らないものが顔をのぞかせた。コンクリートブロックの擁壁だった。

「びっくりした。あれじゃあ地滑りも起こるよ」。近くに住む男性は半ばあきれた口調で振り返る。

北広島市大曲並木地区。18年9月6日の胆振東部地震で大規模な液状化が起きた札幌市清田区里塚に隣接するベッドタウンだ。約300棟の建物被害が発生した北広島市内で、全壊判定の全17棟がこの地区の、特に大曲川沿いに集中した。

一体どんな工事が過去に行われたのか――。地震以降、大曲並木地区の住民が疑念を強めている。

「崩れたと聞いた時はショックでした」。道央に住む80代女性が重い口を開いた。全壊家屋が集まるエリアの元地主だ。

かつて大曲川沿いの土地で稲作を営んでいたという元地主によると、1972年に一帯を造成した道内大手建設業者が高さ10メートル近い擁壁を造成宅地と水田の間に設置し、水田の日当たりが悪くなった。元地主は札幌のある設計業者から「宅地にするしかない」と提案され、受け入れた。

水田に火山灰が盛り土されて宅地となり、元の擁壁は盛り土の中に埋め込まれ外側に新たな擁壁ができた。工事を主導した設計業者は元地主に「火山灰は砂利よりしっかりしている。擁壁も二重で頑丈になる」と説明したという。

地震で宅地が崩落し（右側）、古い擁壁（下）が現れた＝2018年9月中旬、北広島市大曲並木3

元地主は完成した約10区画のほとんどを売る形で工事費用を相殺した。体よく土地を取られたようにもみえる。完成した約10区画の宅地は74年に札幌の不動産会社から分譲された。

地震では、元地主が造成した宅地を中心に大規模崩落が起こった。地表に現れたのは最初の擁壁とみられる。「住んでいる人がかわいそうで…」。元地主は、消え入るような声で語った。

地震直後に現地調査した長岡高専（新潟県長岡市）の尾上篤《あつお》生名誉教授（地盤工学）らは「外側に追加した盛り土が、埋まっていた擁壁に沿って滑落した」との分析をまとめている。当時造成を許可した道によると、擁壁を残して盛り土を追加するのは違法ではないというが、「擁壁が埋まっていることで盛り土が滑りやすくなる。擁壁は撤去するべきだった」（都市計画課）と指摘した。

設計会社は2001年に倒産し、不動産会社も85年に解散しており当時の詳しい経緯は分からない。釈然としないのは住民だ。

崩れた宅地の一角にある理容業竹内明広さん（55）の店舗兼住宅は全壊し、竹内さんは、道路を挟んで向かいの高台にある両親の家に仮住まいを続ける。「なじみ客が店の再開を待っている」として親の家を改修しての再出発を期しているが、「古い擁壁が出てきたことには納得がいかない」と不満をぶつける。

北広島市は18年12月、崩落の激しい11棟の宅地約3千平方メートルを買い上げ緑地化する案を示した。その区域は元地主が造成した範囲と重なる。住民が同意すれば、45年続いた一つのコミュニティーの消滅が決まる。

買い上げ区域の近くに40年以上住む元公務員の男性(89)は「盆踊りや大掃除といった町内会のつながりが、人災とも言える出来事で薄れてしまうのが残念でならない」と話す。

繰り返された液状化

18年9月6日の胆振東部地震から3日後に地域を歩いた丹野勝さん(78)の脳裏に、15年前の光景がよみがえった。液状化した土砂で埋まった街路、傾いた家――。

札幌市清田区美しが丘地区の閑静な住宅街。03年9月26日に発生した十勝沖地震の時と同じ被害が、ほぼ同じ場所で繰り返されていた。地区内の羊ケ丘通町内会の会長を当時も今も務める丹野さんは、「またやられたか」と感じたという。

胆振東部地震では各地で液状化が発生した。このうち札幌市清田区美しが丘と同区清田の両地区は、十勝沖地震に続く再発だった。宅地造成等規制法は、宅地の保全義務を所有者らに課す。これを理由に宅地の液状化対策を取ってこなかった札幌市に対し、住民の不満が向かっている。

丹野さんの町内会では、傾くなどした住宅は03年は約10棟で、今回は約20棟。取材によると、前回被災した住宅の多くが今回も被害に遭っていた。

美しが丘3で夫と長女の3人で暮らす主婦（60）の家は、十勝沖地震では柱がゆがみ壁に亀裂が入り、修理に860万円かかった。修理業者に「液状化した土地はまた被害に遭うよ」と言われ、「旅行を控えるなど節約生活をしてきた」中で今回、再び被災した。

家は傾き大規模半壊と判定され、修理に360万円かかった。主婦は「地盤改良されていないから繰り返す。安心して住める土地にしてほしい」と訴える。

宅地の液状化対策を求める声は、十勝沖地震の直後にも上がっていた。当時の住民説明会の記録によると、対策を求める住民に対し、市側は「自己責任」「自己防衛を」と原則論を繰り返すだけだった。

一方、市によると当時、住民側から「大ごとにしないでほしい」という声が市に複数寄せられていたという。土地の資産価値が低下するのを懸念したようだ。液状化への危機感を社会がまだ共有しきっていない時代だった。

だが今回の不満は、再発だけに以前に増して強い。丹野さんらが18年10月に札幌市職員を呼んで開いた町内会の会合には住民約130人が集まり、「市はこの間、何をやってきたのか」などと憤りの声が相次いだ。

大規模な液状化が発生した同区里塚地区で札幌市が行う地盤強化対策の手厚さに、「格差」を感じる住民も多い。里塚で市は、宅地と道路などを一体的に復旧する方針で、総事業費は50億円に上る。これに対し、美しが丘地区ではボーリング調査を行うだ

液状化した土砂が街路を覆った札幌市清田区美しが丘3。十勝沖地震に続く被災だった＝2018年9月6日

けだ。

札幌市は、里塚については「被害の甚大さから、道路と宅地を一体で復旧しなければならない特別な地域」とし、美しが丘を含むほかの地区は「被害規模が小さく個別に復旧できる地域。法に基づき、従来通り個人で対応していただく」（建設局）と説明する。

里塚の南隣の美しが丘は、1980年代に里塚と同じように火山灰で盛り土されるなどして宅地になった。丹野さんは「このままでは住民は救われない」と語る。

液状化に関する住民と行政の問題に詳しい政治経済研究所（東京）液状化問題研究会の北村浩主任研究員は「近接した地域で似たような被害が起きているのに扱いが違い過ぎるのは不公平。市は何らかの対策を検討すべきではないか」と指摘する。

■全壊　再建支援上限300万円

宅地の液状化対策や復旧には、建物の基礎や地盤を強化する方法がある。ただし工費は数百万円を超すことが多いとされる。

地震の備えに詳しいNPO法人環境防災総合政策研究機構環境・防災研究所（東京）の松尾一郎副所長は、「自宅が全壊した場合、国などからの生活再建支援金は上限300万円で、これだけでは生活の再建は難しい」として、地震保険の加入を勧める。

地震保険は火災保険とセットで契約し、家と家財が対象。津波や液状化などによる被害も補償される。保険金額は火災保険の30～50％で設定。支払われる保険金額は被害程度が全損の場合は100％、大半損60％―などとなっている。

保険料額は地域で異なり、北海道は保険金額1千万円・1年契約のモデルケースで、コンクリートなどの建物が7千円、木造などは1万2200円。

古里だから再建決意

札幌市清田区里塚1の会社員五十嵐雅《まさ》陽《はる》さん（45）は自宅の再建に忙しい。18年9月6日の胆振東部地震で家が傾き、一部損壊と判定された。自宅の真下に大きい空洞ができているのも分かり同年末、業者に頼んでセメント系薬剤を流し込んだ。雪解け後に敷地の地盤補強に着手する。

「里塚で暮らし続けるためです」。妻の麻朱美《ますみ》さん（49）と声をそろえる。

札幌出身の五十嵐さんは小学2年から里塚に住む。20年前に実家の隣に中古住宅を購入。18年春に家のリフォームに取りかかり、柱と基礎以外を新しくした。

地震2日前に業者から真新しくなった家を引き渡され、まさに地震の日に入居を予定していた。強烈な揺れに飛び起き、仮住まい先から車で駆け付けた。傾いた家々が連なる光景にがくぜんとし、ここに住めるのかと不安に襲われた。

リフォーム費用約1600万円が丸々ローンで残り、移転の選択肢はない。そう考えると「ここで生きていくしかない」と不思議と腹は固まったという。返済は70歳すぎまで続きそうだが、同じ職場で働く麻朱美さんと共働きを続け、節約していくつもりだ。「何より里塚が好き。自然があり顔見知りも多い。子供のころから住む古里

リフォームしたばかりの家が被災した五十嵐雅陽さん。愛犬を抱き、「一緒に頑張っていきたい」=札幌市清田区里塚1

ですから」。五十嵐さんは前を向く。

住み慣れたマチに踏みとどまる人、戻ろうとする人たちが、苦難に向き合おうとしている。

里塚1で家族5人で暮らす会社員三好英文さん（50）の敷地は大きく隆起し、家は傾き全壊と判定された。解体を覚悟したが、福島県の業者が比較的低料金で今の家を残して地盤を復旧できると知り、考え直した。

25年前にローンを組んで建てた思い入れのある家。低料金とはいえ300万～400万円はかかると見込まれ負担は軽くはないが、「壊さずに直すことができるなら。希望の光が差した感じがした」。雪解けを待って工事に入るという。

「春には楽しい引っ越しになるよ」。住友幸子さん（65）が語りかけるのは、68歳から99歳までの12人。皆、認知症だ。入所していた札幌市清田区美しが丘4のグループホーム「トトロの森」が地震で半壊となって取り壊され、北広島市内のグループホームに身を寄せるが、19年5月に元の場所に戻る。住友さんはトトロの森の総合施設長だ。

地震後、生活環境の変化が、入所者の心身に影響を及ぼしたという。認知症の混乱症状が出たり、一人で涙ぐむ人もいた。

トトロの森は、住友さんが2002年に自分の母を介護するため開いた。入所者を守る立場の住友さんは「皆を戻さなければ」との思いを強め、元の場所に新施設を建てる決断をした。くい80本を打ち込み地震に強くする。事業費の6分の5が国と市から補助されるが、事業者負担は数千万円規模に上る。

「すべては家族同様の入所者のため」。自分に言い聞かせるように語る住友さんに、入所者たちが笑顔を向ける。

■液状化対策　里塚は50億円

札幌市は、液状化による地盤被害が起きた清田区里塚1の約3ヘクタール（約150世帯）を対象に、2019年春から本格的な液状化対策工事を行う。20年度まで2年かけて進め、総事業費は約50億円を見込む。

工事は宅地、道路、公園に分けて実施する。宅地は地下水が多い層に薬液を注入する。薬液は土中で直径2メートルほどの球形に固まる。この球が地中に増えることで地下水が減り、地盤が揺れても液状化が起きにくくなるという。

道路の地下には、セメント系固化材の強固な柱を多数埋め込んで地盤の動きを抑える。排水管も多用する。公園では軟らかい土砂を砕石に入れ替える。

……………………

宅地の工事は住民の同意を得た上で行う。東日本大震災で液状化被害があった千葉県浦安市では11年度に始めた工事がまだ終わっていないが、札幌市は早期の完了を目指す。

第5章

耳を澄ます

2018年9月の胆振東部地震や翌年2月の最大「余震」。重なる災害で子どもや高齢者、障害者、困窮世帯など平時から弱い立場に置かれる人々が、さらなる困難に直面している。かき消されそうな声に、耳を澄ました。

子どものSOS

突き上げるような激しい揺れの中で、胆振管内厚真町の団体職員の男性（45）は小学1年の長男（7）を必死に抱きしめていた。緊急地震速報を知らせる携帯電話のアラーム音が少し遅れ、家中に鳴り響く。

19年2月21日午後9時22分。道内で初めて震度7を記録した前年9月6日未明の胆振東部地震以降、最大の地震が発生した。

「大丈夫か」。揺れが収まり、妻（44）と次男（4）に声を掛けた。テレビを付けると、ニュースが厚真の震度を6弱と伝えていた。長男はべそをかきながら「震度6は嫌だ」と言う。幸い家族にけがはなく、家にも問題はない。胆振東部地震ではがれ、2月上旬に張り替えたばかりの壁紙がずれた程度。「去年の地震ほどではないな」。男性は胸をなで下ろした。

ところが、地震直後から長男が「SOS」を発し始めた。「1人で家の2階に行けない。一緒についてきて」――。2階でゲームをしたいのに1人で行けず、次男や両親を誘う。暗がりを怖がり、夕方でもトイレまでの照明を全部つけないと、用を足せなくなった。

「あの時と同じだ」。男性は半年前の胆振東部地震直後の長男の様子を思い出していた。数カ月かけ、ようやく落ち着きを取り戻したはずなのに。長男の肩を抱き寄せた。

「普段は元気だから油断していた。地震の影響はそう軽くなかった」

「9・6地震」は今も子どもたちの心を強く揺さぶる。それは長男が通う厚真中央小のアンケート結果にもはっきりと表れていた。

「急に涙を流す」「部屋で1人でいられない」「地震が起こらないか、極端に怖がる」。胆振東部地震の発生から5カ月後の19年2月初旬、胆振管内厚真町の厚真中央小は全児童155人の保護者を対象にアンケートを行った。A4判の回答用紙一枚一枚に、不安を抱える子どもの様子がびっしりと書き込まれていた。

校区には大規模な土砂崩れで計36人が亡くなった7地区が含まれる。回答した112人のうち、不調を訴えた児童は2割以上の25人。学年によっては3割に達した。

「我慢して答えず、数字に表れない子もいるはず」と池田健人《けんじ》校長。今も1人で校内のトイレに行けない児童がおり、教職員が付き添う。中の照明もつけっぱなしにしている。

2・21地震はこの調査の直後に起きた。あらためて調査すると、「眠れない」「夜中に目を覚ます」との答えが増え、半数に上るクラスも。池田校長は「子どもの心のケアは簡単でないと実感している」と言う。

道教委と札幌市教委は胆振東部地震後、カウンセラー約120人を札幌市や胆振管内厚真、安平、むかわの3町などの小中高校に緊急派遣。2月の地震後には派遣回数をさらに増やした。厚真中央小などに派遣された北星学園大の柿原久仁佳准教授（教育心理学）は「地震の影響は中学生も小学生も同じ。災害ストレスは個人差が大きく、早く回復する子もいれば時間がかかる子もいる」と指摘する。

「地震だよ！　みんな逃げて！」。胆振東部地震で震度5強を観測した札幌市北区。主婦後藤友理恵さん（31）の長女彩香理《あかり》ちゃん（3）は発生から数日後、突然おもちゃの家を揺すって声を上げ始めた。

彩香理ちゃんは真剣な顔でおもちゃの家具をガタガタ倒す。そして、ままごとのように「逃げるよ」「抱っこして」と言いながら人形を「避難」させる。

後藤さんはうろたえた。「不謹慎じゃないか」「よそでもやるようになったら」。いろんな思いがよぎった。「こんな遊びしちゃ、だめでしょ」。だが、彩香理ちゃんは1日に何回も、しかも毎日のように繰り返す。後藤さんは必死にインターネットで情報を探し、「地震ごっこ」という言葉を知った。

「地震ごっこは子どもが地震の恐怖を乗り越えるための行動です」。その情報を信じ、とがめるのをやめた。余震の減少に伴って地震ごっこの回数は減り、「みんなで車で逃げよう」とせりふも変わった。それも年明けには収まり、「子どもなりに解決策を探ろうとしたのかも」と今は思う。

震度6強だった安平町の認定こども園

おもちゃで遊ぶ後藤友理恵さんと彩香理ちゃん。2月の地震の時、彩香理ちゃんは「地震ごっこ」と同じせりふ「ママ抱っこして」と言い、冷静だったという

「はやきた子ども園」でも、地震直後から園児が積み木をわざと崩したり、「震度6だ」と言い合ったりして遊んだ。井内聖園長は「興奮気味で何かを発散しようとしている感じだった」と振り返る。

北海商科大の大友秀人教授（カウンセリング心理学）は「子どもが災害後に1人を怖がったり、地震ごっこをしたりするのは、心の回復を図るプロセス。否定せずに見守って」と話す。

11年の東日本大震災では、3歳で被災した児童が4年後に不登校になった例もあった。大友教授は「子どもの心理は身近な大人や地域の環境に左右される。復旧や復興が遅れれば、数年後に異変が表れることもある。心のケアは、地域の環境などに気を配りながら長期的に進める必要がある」と強調する。

道教委は19年3月11日、胆振東部の中高生を含む3万2千人を対象に、無料通信アプリLINE（ライン）で相談員が悩みを聞く「どさん子ほっとLINE」を開設。同月14日までに約170件の相談が寄せられた。

「卒業や進級の時期で新たな不安を感じる可能性もある」と担当者は言う。いつ発せられるか分からない、子どもたちのSOS。見逃さないための手探りの取り組みが続く。

■地震などの災害で不安な気持ちになったら…

※胆振東部地震を受けて北海道臨床心理士会が作成

家族や先生に話してみる

友達と遊ぶ

好きな音楽を聞く

散歩やストレッチなど体を動かす

お風呂で温まる

楽しかったことを思い出してみる

ゆっくりと呼吸する

（道教委の子ども相談支援センター（電）0120・3882・56では24時間相談を受け付けている）

うめく高齢者

「お父さんがいない」

19年3月10日午前。胆振管内安平町追分の応急仮設住宅で木林栄子さん（79）は青ざめた。ベッドで横になり、ほんの

10分ほどうとうとしていた。目を覚ますと、隣の部屋にいたはずの夫道治《みちはる》さん（88）の姿がない。狭い室内のどこにもいない。

電話が鳴った。日ごろ世話になっている町内のデイサービス施設職員からだった。「道治さんが外にいましたよ」。仮設団地前の道路にたたずむ夫を偶然見つけ、連れ帰ってくれた。

道治さんは「自分の家に帰りたかったんだ」と言った。半年前の胆振東部地震で半壊した自宅は仮設から4キロ離れ、歩ける距離ではない。「どうしちゃったの、お父さん」。道治さんは仮設団地を出た後、自宅への道も仮設の自室の位置も分からなくなっていた。

夫婦2人で仮設で暮らし始めて5カ月近く。道治さんは5年前から物忘れをするようになり、入浴などの介助が必要になったが、「1人で外に出たり、帰って来られなくなったりするなんて、今までなかった」。栄子さんは戸惑う。

同管内厚真、安平、むかわの3町の仮設住宅には約400人が暮らす。木林さん夫妻を含め、75歳以上の高齢者は88人。このうち65人までが厚真町だ。今、厚真の高齢者たちに変化が表れ始めている。

地震前に抑うつがみられた80代女性は仮設周辺を徘徊《はいかい》するようになった。女性は要介護認定で身の回りの一部の世話を必要とする「要支援2」だったが、仮設に入居後、排せつや入浴などでの介助が必要な「要介護2」に上がった。

「要支援2」だった80代男性は19年1月、肺炎で入院し、日常生活全般に介助が必要な「要介護4」に。町内の福祉関係者は「地震前は自宅の中を歩行器で歩けたが、狭い仮設で体を動かさなくなり、抵抗力が落ちてしまった」と話した。

厚真町の要介護認定の新規申請件数は地震直後の18年10月から19年2月末までに40件と、前年同期より4割増えた。町社会福祉協議会の村上朋子さん（47）は「避難所、仮設と生活環境の目まぐるしい変化に心身とも適応できていない。さらに先の見えない不安が要介護度の上昇や認知症の進行につながっている」とみる。

「あなた、だあれ」。地震後、町内の一部損壊住宅で暮らす男性（87）は妻にこう言われた。以前から認知症の症状はあったけれど、自分のことは認識してくれていたはずなのに――。

土砂崩れが発生した自宅裏の山はブルーシートで覆われたまま。再び地震が起きれば、さらに崩れる恐れがあるため、実は仮設住宅を借りていた。男性は妻を何度も仮設に連れて行き、慣れてもらおうとした。だが、火の不始末などの心配が消えず、「周囲に迷惑をかける」と入居に踏み切れない。「自宅の方が気楽だ。次、崩れたら山の下じきになるまでだ」

19年1月、厚真町の福祉関係者にショックを与える出来事があった。1人暮らしの80代男性が地震前からの持病を悪化させ、亡くなった。発見されたのは死後5日ほどたってからだった。「在宅の被災者への目配りまで手が回らなかった」と関係者。「独りで置き去りになる人を二度と出したくない」。悔しそうに言う。

安平町追分の仮設団地。木林さん夫妻が暮らす部屋の玄関に、人の出入りを音で知らせるセンサーが取り付けられた。栄子さんは道治さんのジャンパーの内側にガムテープを貼り、名前と住所を書き込んだ。

18年9月と19年2月。栄子さん自身も2度の大きな地震で、今もめまいがひどく、

仮設住宅のテーブルに1カ月分の薬の束を並べ、中身を確認する木林さん夫妻。「薬は増えていくばかり」だ＝安平町追分

夜は胸が苦しくなる。自宅は春に解体するが、仮設を出た後に住む場所は決まらず、不安だけが募る。

「元気になりたいな」。仮設の部屋で栄子さんはつぶやいた。小さな小さな声だった。

■戸別訪問で孤立防止へ　民間の力活用も

高齢者の心身ケアや孤立防止には、生活支援相談員や保健師と民間の連携も欠かせない。胆振管内厚真町社協は２０１８年11月から、仮設住宅だけでなく、損壊した自宅に住む高齢者らにも戸別訪問を拡大。ボランティアの支援も得て、心身状態や再建の不安などを聞き取る。同じく被害が大きかった同管内安平、むかわ両町も在宅被災者を含む戸別訪問を強化している。

16年の熊本地震では県内18市町村が「地域支え合いセンター」を設置。生活支援相談員らが常駐し、仮設住宅や在宅被災者の見守りだけでなく、健康・生活支援、地域交流の促進など総合的な支援を行う。

センターは民間団体などとイベントを開き、独居高齢者の外出機会にもつなげている。同センターは西日本豪雨被災地の広島県なども設置。全国災害ボランティア支援団体ネットワーク（東京）の千葉泰彦さん（46）は「イベントに参加しない人の訪問頻度を上げるなど、被災者一人一人に合わせた支援が大切」と話す。

障害者の訴え

19年2月22日、肢体不自由の生徒が通う岩見沢高等養護学校の教室。車いすに乗った教諭の曳田和樹さん（25）はパンと手をたたき、生徒6人に言った。「震度4の地震が起きました　どうする？　自由に動いて」

ある女子生徒は車いすから飛び降り、机の下に身を隠した。ある男子生徒は車いすのままジャージーを頭にかぶり、教室の真ん中に移動した。別の男子生徒は、ガラスがはめ込まれた教室のドアにはりついた。

「車いすは貴重な移動手段、離れたら動けなくなるぞ」「揺れでガラスが割れるかもしれない。近くにいたら危険だ」。曳田さんは生徒に次々と助言する。

前日、18年9月の胆振東部地震後で最大の地震が起きたばかり。岩見沢市も震度4を観測した。生徒の関心が薄れないうちに「自分の身を守れるよう最低限のことを教えたい」と行った地震訓練の授業だった。

こう思うのには訳がある。脳性まひで自力歩行が難しい曳田さんは18年9月6日、築40年の木造アパート1階の部屋で、震度4の激しい揺れに目を覚ました。

玄関から逃げようとしたが、外に付けられたスロープがずれて引っ掛かり、ドアが開かない。窓には柵があり出られない。体を引きずりつつ、柵を固定するネジをドライバーで1本ずつ外した。外に出られたのは1時間以上たった後だ。

民生委員からの安否確認は、さらに5時間後。「いざという時は、自分で何とかするしかない。誰も助けてくれない」と実感した。

「なんで、あの人だけ特別扱いなんだ」——。体が不自由な札幌市の女性は避難所で、厳しい言葉を投げられた。「厚いマットを出します」と言ってくれた職員へのクレームだった。地震発生から3日間、自宅近くの小学校に避難。だが、女性は避難所の床は硬く横になれなかった。

この体験は18年9月の地震後、知的障害者の家族でつくる「札幌市手をつなぐ育成会」が会員らを対象に行ったアンケートに届いた声だ。「重度の知的障害がある小学5年の娘はじっとしていられず、大声でしゃべってしまう。中学生の長男が『一緒に避難所に行きたくない』と言った」と訴える母親もいた。

「一度も安否確認も連絡もないんです」。四肢や体幹の筋力が衰える脊髄性筋萎縮症の女性（57）＝札幌市北区＝は不安げに話す。

1人暮らしで、食事もトイレも車いすに乗る時もヘルパーの介助に頼る。災害が不安で16年、自治体に義務づけられた「避難行動要支援者名簿」に名前を載せてもらい、個人情報を町内会に公開した。だが、町内会役員が自宅に来たのは17年半ば。数分のあいさつだけで障害の内容も聞かれず、避難や支援計画も示されないままだ。「迷惑をかけることになる」。自分から言い出せない。

18年9月の地震でも19年2月も、誰からも連絡は来ない。「日常から地域とつながりたいのに」。町内会役員が教えてくれたのは、避難所になる自宅近くの公共施設の電話番号だけだ。

障害者の支援団体「Uスタイル北海道プロジェクト実行委員会」（札幌）は近く、障害者と健常者が参加する災害勉強会を開く。実行委の鹿野牧子さん（46）は「障害者には健常者への恐怖心がある。健常者の側にも、障害者をどう助けたらいいか分からない人も多い」と話す。

勉強会で講師を務める札幌市の防災士大浦宏照《ひろあき》さん（56）は、19年1月に聞いた健常者の30代男性の話が忘れられない。男性は18年9月の地震時、出張先の旭川のホテルで困った様子の車いすの人を見たという。「助けたかったけど、何もできなかった。そんな自分に傷ついた」と話した。

「障害者と健常者が、歩み寄る場が必要だ」と大浦さんは思う。助けてほしいと思う人と、助けたいと思う人。その間を何とかつなぎたい。

■情報伝達に有効「メール」が最多　道のアンケート

厚生労働省によると、道内で障害者手帳を交付されている人は2017年度で41万1644人に上り、過去10年で最多となった。これを受け道は18年11月、道内の20の障害福祉団体に対し、災害支援に関するアンケートを実施（回答19）。災害時の障害者への支援について「避難所での情報伝達は張り紙中心だが、視覚障害者にはまったく意味がない。音声で内容を周知してほしい」「（障害者も）自分に必要な支援（要筆談、要介助など）を掲載した名札などを身に着けることが必要」などの声があった。

障害者が平時から災害関連情報を受け取るのに有効な手段（複数回答）としてはメール（15団体）が最多。個別訪問（10）、音声付きホームページ（8）、点字の広報誌（8）、テレビ・ラジオ（7）と続いた。

困窮者の悲鳴

胆振管内の仮設住宅に暮らす40代男性と妻、子ども2人の一家4人は食事の時、男性の友人らからもらった紙コップとプラスチックパックを使う。食器は18年9月の胆振東部地震で粉々に割れた。「自宅の解体費用を蓄えるのが第一」と買いそろえられないでいる。

「結局さ、金さえあれば家が壊れようが何が壊れようが、どうとでもなるのさ」。19年3月のある日曜日、暗くなった仮設で男性は吐き捨てるように言った。

地震で2階建ての持ち家のはりが落ちた。2階はネコが歩いただけで揺れる。だが、損壊程度の認定は「半壊」。全壊なら解体費用は全額公費負担になるはずだが、120万円の自己負担が必要になった。「まず家を解体して生活を立て直す」。そのつもりで仮設に入った。

それから4カ月余り。仮設の給湯器はガスで、灯油だった自宅よりも月1万円以上、燃料代が余計にかかる。被災地の飲食店で働いていた妻は、店が長期休業したため収入がなくなり、現在は男性が営む焼き鳥店を手伝っている。日曜以外、帰宅は毎日午前2時ごろ。明け方の時もある。

必死に働いても生活は苦しい。義援金40万円も、被災者向けの無利子融資で上限いっぱい借りた20万円も、大半が生活費に消えた。

最大震度6弱の地震が起きた19年2月21日。男性は「家が倒壊して近所に迷惑をかけてないか」と心配になり、店を急きょ閉め、車で40分かかる自宅に急いだ。「家を解体しないと何も始まらない。でも、その金がない」。無念さがにじむ。

北海道新聞のアンケートでは、仮設住民の9割以上が持ち家の一軒家暮らし。被災者には各地から寄せられた義援金や国などの支援金などが渡されるとはいえ、生活の土台である家を失った途端、困窮状態に

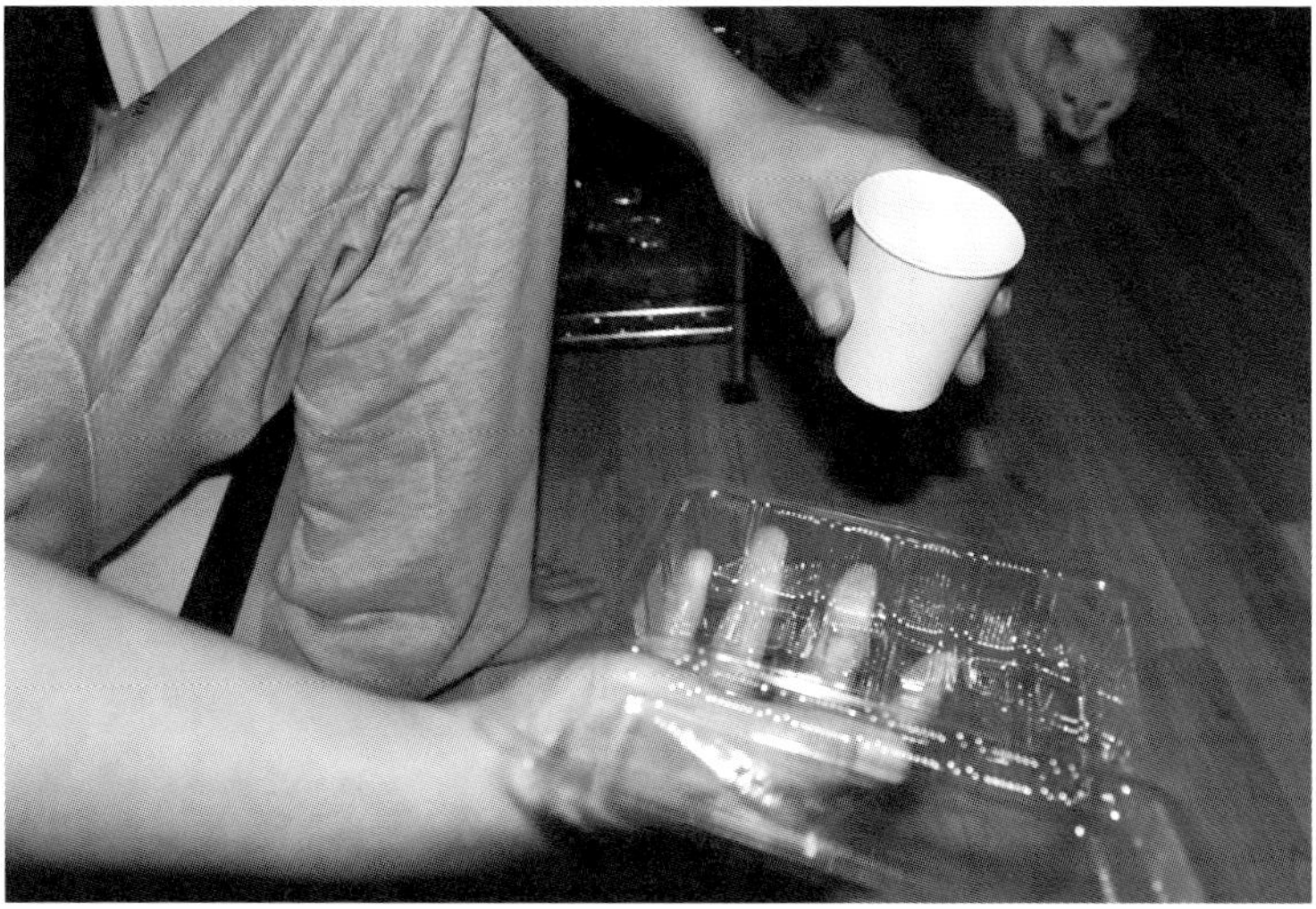

普段の食事で使う紙コップとプラスチックパックを手にする男性。「ちゃんとした食器が買えればいいんだけど」＝胆振管内の仮設住宅、2019年3月中旬

陥ってしまう住民は多い。

自宅が全壊し、仮設住宅に身を寄せる女性（41）は働きながら1人で子ども2人を育てている。「もともとがギリギリの生活。仮に100万円や200万円もらっても、家は建てられない」。女性はこう漏らす。

息子の高校入学を控え、義援金は貯金した。壊れたタンスは買い直さず、プラスチックのカラーボックスで間に合わせた。それでも最低限必要な生活用品の購入だけで数十万円かかった。月収15万～16万円ほどの身には大きすぎる出費だ。

息子は仮設暮らしで黙々と受験勉強に励み、18日、道立高校に合格した。「息子ながら頼りになる」と女性。でも「家族で気兼ねなく暮らせる家が見つかるのか」。不安ばかりが募る。

道が17年に行ったひとり親家庭生活実態調査によると、母子家庭の54％が年収200万円未満。支援団体「しんぐるまざあず・ふぉーらむ北海道」には、被災で仕事が休みになるなどして「給料が減り、困りました」との声が届く。

「普段から生活が苦しい人は、震災でどん底に落ちる」と札幌市東区の精神障害者の女性（55）は言う。

約6年前に精神疾患で仕事をやめ、貯金を崩しながら、どうにか暮らしてきた。そこに起こった18年9月の地震。震度6弱の揺れに家中の家電などが倒れた。持病のヘルニアで後片付けもできないまま避難所に身を寄せたが、極度の緊張や不十分な食事で意識不明になり、一時病院に運ばれた。

その後、ボランティアが自宅を片付けてくれた。週1回の家事援助の障害福祉サービスも認められたが、冷蔵庫、食器棚、電子レンジなどあらゆる物が壊れ、出費は約50万円。自宅アパートの建物自体は被害がなかったため、義援金も支援金もなく、とぼしい貯金でまかなわざるを得なかった。

女性は就労支援事業所で働き、月数万円の工賃を生活費に充てる。貯金はいつ底を突くか分からない。「できるだけ自分の力で生きたい」。望みはただ、それだけだ。

■現状の支援では不十分

道や日本赤十字社などでつくる北海道災害義援金配分委員会によると、日赤などに寄せられた義援金はこれまで30市町に約14億円が配分された。また、国と都道府県による支援金は道内324世帯に約2億8千万円が支給された。ただ、受け取った額は全壊世帯でも多くて数百万円にとどまり、住宅再建などには多額の自己負担が必要となる。

同委員会によると、配分額は死者1人当たり100万円、重傷者1人当たり30万円。住宅被害は全壊世帯80万円、半壊35万円、一部損壊2万円。胆振管内の3町や札幌市などは、このほかに直接届いた義援金を数万円から数十万円上乗せして支給している。

一方、支援金は全壊などの世帯で100万円、住み続けるのに大規模な補修が必要な世帯で50万円。さらに住宅の再建方法に応じて50万〜200万円の加算支援金が支給される。

生活の立て直しには住宅再建以外にも出費がかさむ。被災者からは「家具や家電の購入費用が数十万円かかった」などの声が上がっており、現状の支援では十分とはいえないのが実態だ。

行き場のない声

18年9月6日午前4時。札幌市の40代女性は中学生の息子と自宅近くの公園の隅から、暗い町を行き交う人々を見ていた。「私たちはどこに行けばいいの」

震度5強の揺れの直後、自宅アパートの電気は消えた。部屋の中は多くの物が倒れ、余震も続いていた。

女性は数年前、自分と息子に殴るなどの暴力を振るう夫からやっとの思いで逃げた。一時保護所（シェルター）に駆け込み、夫はもちろん、「あんたが悪い」と理解してくれない両親や親族、あらゆる人と縁を切った。退所後もアパートで息子と2人、隣近所と関わらず生きてきた。

「避難所に行く？　いや無理」。誰に見られるか分からない。全国の災害で避難者の様子を報じる写真や映像を見た。「万が一、自分たちが写ったら」、夫に見つかるかもしれない。想像するだけで体が震えた。「今さえ乗り切れれば、こんな地震はもう来ない」。自分にそう言い聞かせた。

だが19年2月、道内は再び大きく揺れた。女性は必死に考える。もし、また大きな地震が起きたら。見つからないと信じて避難所に行くか。崩れないと信じて部屋に残るか。答えは出ない。

ＤＶ被害者らのシェルターを運営するＮＰＯ法人「女性サポート　Ａｓｙｌ（あじーる）」（札幌）の職員は18年9月6日未明から、入所者の安否確認や食料確保に追われた。この時、シェルターは満室だった。小さな子連れの母親もいた。着の身着のまま逃げ込んだ女性ばかり。誰もが家族や友人を頼れない。入所者だけでなく、退所者からの「余震が怖い」との訴えにもメールや電話で励まし続けた。「9月6日は特に『誰かと一緒にいたい日』だったはず」と同法人の波田地《はたち》利子事務局長は言う。「それができない人をどう支えるか」

体と心の性が一致しない「トランスジェンダー」の水嶋加奈子さん＝札幌市＝は、18年9月の地震から数日後、ボランティアとして胆振管内厚真町に入った。ある避難所で、自衛隊の入浴支援施設の周りを、入りたそうにうろうろする人を見た。女性の格好をしているが、体は男性。「きっと自分と同じだ」。近くの陸自隊員に声を掛けた。「人がすいた時、5分でいいので、1人で入れてあげてくれませんか」。その後入れたかは、分からない。

大勢の目がある上、男女別のトイレや風呂がある避難所は、特にトランスジェンダーにとって「地獄のようなもの」と水嶋さん。厚真で見た光景に今も胸が痛む。滝川市議でゲイを公表する舘内孝夫さん（49）は「現状の避難所の改善も進まない中で、『LGBT（性的少数者）のために改善を』とは言いづらい」と漏らす。

胆振東部地震で震度6強を観測した同管内安平町。同町遠浅《とあさ》で自閉症の次男功士さん（21）と農園「とあさ村」を営む青木明子さん（51）も、避難所に行く選択肢はなかった。息子は環境の変化に動揺し、大声を出して激しく動くだろう。「私が耐えられない」と思った。誰に助けを求めればいいかも分からなかった。

功士さんは地震後、吃音《きつおん》がひどくなり、自分自身の頭や体を殴ることもあった。19

青木明子さん（右）と一緒に、小豆の皮をむく功士さん。落ち着きを取り戻すまで時間がかかったが、今は楽しそうに農作業に励む＝安平町遠浅

年2月の地震でも、ちょっとした声掛けに反応して大声を出し、地震前はほとんど飲んでいなかった薬も飲むようになった。

普段やっていた農作業ができず、通っていた町内の図書館にも通えない。「いつもと違う」生活への悲鳴が行動になって表れた。

青木さんは今、自閉症の人の「避難所」をつくろうと、仲間と動き始めている。普段は自立支援施設として「地域で元気に生きていく」ための場所、そしていざという時は安心して逃げ込める行き慣れた場所。実は、18年5月ごろから考えていた。2月の大きな地震も経験し、思いは強まる一方だ。「次こそ迷わず避難できるように」同じ悲鳴を上げる人は他にもいる。1人では小さくても、集まればきっと大きな声になる。

■関係団体が「指南書」

困難を抱えた人の災害対応について、多くの団体から「指南書」が出ている。「とちぎ男女共同参画財団」作製の「男女共同参画の視点で取り組む防災ハンドブック」は、DV被害者ら困難を抱えた女性に対する相談窓口や女性専用スペースの設置など、男女のニーズの違いに配慮した避難所運営について、幅広く解説。

ホームページ（http://www.parti.jp/index.html）でダウンロードできる。

LGBT支援団体「性と人権ネットワークESTO」（本部・秋田）は、LGBT当事者や自治体向けの「多様な性を生きる人のための防災ガイドブック」を作製した。当事者には、災害時の持ち出し用品や相談先の一覧を掲載。自治体に対しては、災害に遭った当事者の証言を基に、避難所運営に役立つ情報を示した。希望者には、送料のみ負担で無料配布しており、問い合わせはメールmiyagi-esto@estonet.infoへ。

日本自閉症協会（東京）も、自閉症の人や家族、支援者に向けた「防災・支援ハンドブック」をホームページ（http://www.autism.or.jp/）で公開。災害時の心のケアや日ごろの備えなど詳しく紹介している。

第6章

電力の将来像

北海道電力泊原発1〜3号機（後志管内泊村、207万キロワット）が運転を停止して、2020年5月5日で8年を迎えた。北電は再稼働に向けて2千億円超の安全対策費を投じる見込みだが、国の原子力規制委員会の審査は依然見通しが立たない。この間、胆振東部地震を引き金とした全域停電（ブラックアウト）の発生や再生可能エネルギーの普及を背景に、泊原発のような大型電源に依存する供給体制への見直し論が拡大。全国的に廃炉の流れも強まる中、北電の再稼働戦略は岐路に立たされている。北海道が目指すべきエネルギーの姿とは。18年9月のブラックアウト以降、浮かび上がった電力供給体制を巡る課題や新たな動きを検証しながら考える。

停止8年 岐路の泊原発

「原子力は最重要電源。（泊原発の）早期再稼働に力を尽くしたい」。北海道電力の真弓明彦社長は19年4月25日に札幌市内で開いた決算発表会見で強調した。

その意気込みとは反対に、再稼働に向けた原子力規制委員会の審査は難航している。同年2月下旬には北電がこれまで活断層ではないと主張してきた泊原発敷地内のF—1断層について、規制委は「活断層であることを否定できない」との見解を示した。

北電は追加の調査を行ったが、規制委を説得できるかは不透明だ。

このほか、積丹半島沖の海底活断層をどのように想定するか、防潮堤の液状化対策といった課題も残っており、審査に必要な耐震設計の目安となる地震の揺れ「基準地震動」が確定するめどは立たない。13年7月に北電が規制委に審査を申請した際は同年内に再稼働する目標を掲げていたが、予想を大幅に超えて審査が長期化。F―1断層の問題で「少なくとも今後3年間は再稼働が難しい」(電力関係者)との見方が強まっている。

一方、道内の電力は今後10年間も十分足りる見通しだ。国の認可法人の電力広域的運営推進機関(東京)がまとめた供給計画によると、19~28年度の電力供給の余力を示す道内の予備率(各年1月の午後6時時点)は14・7~27・2%。安定供給に必要とされる8%を大きく超え、東北の水準も上回る。

背景にあるのが需給の緩和だ。人口減少が進む中、企業や家庭で節電意識が定着して省エネが進み、28年度の道内電力需要は19年度より1%減少する。

供給は6%増える。液化天然ガス(LNG)を燃料とする石狩湾新港火力発電所(小樽市)2号機が26年に稼働し、釧路では地元の石炭を使う火発が20年にできる。風力や太陽光、バイオマスなど再生可能エネルギーの大規模発電所の新設も相次ぐ。

主要火発では、苫東厚真1、2号機（胆振管内厚真町）や伊達（伊達市）1、2号機、知内（渡島管内知内町）1号機など運転年数が30年を超える火力発電所8基も、点検や補修を重ねながら稼働している。北電はこれらの老朽火発の代替として、また電気料金値下げや二酸化炭素の排出抑制のためとして、泊原発が必要との立場だ。ただ、専門家の間には将来の需給見通しを踏まえ、新設の火発が計画通り稼働し再生エネの活用がさらに進めば、老朽火発を一部廃止しても原発なしで道内の電力がまかなえるとの見方は少なくない。

泊原発停止の長期化で、現実味を帯びているのが、1、2号機の廃炉。原発の運転期間は原則40年（規制委が認めれば60年に延長）に制限されている。泊原発は1989年に1号機、91年に2号機が稼働し、運転期限は1号機が2029年、2号機が31年に迫る。

経済産業省は「原発を廃炉にするかは電力会社が経済性を踏まえて判断する」（幹部）としている。北電は現状では見通せない再稼働後の運転期間と採算を考え、早期に廃炉に踏み切る可能性がある。

「原発が稼働すれば、他の電力会社との経営格差が縮小し、中長期的に電気料金の引き下げにつながる」。北電の「中興の祖」ともいわれる故戸田一夫副社長（後に社長、会長）は大勢の報道関係者を前に力説した。泊原発1号機の営業運転を翌年に控えた1988年7月の記者会見でのことだった。

北電は「値下げの切り札」

国内有数の産炭地を抱える道内を営業基盤とする北電は、国の産炭地振興政策の下、海外炭に比べ割高な道内炭火力への依存度が高かった。70年代の2度の石油危機は石油火力の燃料調達コストの高騰も招き、経営を圧迫。電気料金を上げざるを得ず、80年代初頭には全国で最も高い水準に達した。燃料コスト低減と電力の安定供給を同時に実現するには—。経営環境が厳しさを増す中、この難題解決の切り札として活路を求めたのが泊原発だった。

北電は第1次石油危機後の75年、泊原発の建設計画を公表。近隣漁協は「風評被害や、原発から海へ流される温排水の影響がある」などと猛反発した。79年に米スリーマイル島原発事故が起きると、安全性に対する住民の不安は拡大。それまで政党・労組中心だった反原発運動は、次第に市民グループを巻き込んだ大きなうねりとなった。

しかし、82年に当時の堂垣内尚弘知事はこうした反対の世論を押し切る形で泊原発の建設に同意する決断を下した。「原発を持つ他の電力会社とようやく肩を並べ、誇らしくもあった」（北電OB）。一方で、88年には労働団体や住民1152人が建設差し止めを求めて提訴するなど反対運動はその後も長く続いた。

89年に1号機、91年に2号機が稼働。北電は電気料金を段階的に引き下げ、2005年にはピーク時の3割減を実現した。発電コストの削減でさらなる電気料金引き下げを目指す北電は、09年に3号機も稼働させた。泊原発は全発電量の4割超を占める巨大電源となった。

東京電力福島第1原発事故翌年の12年5月、3号機が定期検査入りして全3基が停止。北電は火発の稼働増で燃料費がかさんだことを理由に電気料金を2度引き上げ、現在は再び全国一高い水準になっている。北電は「値下げは泊原発の再稼働後」（真弓明彦社長）と話すが、北本連系線の増強やLNGを燃料とする石狩湾新港火発の稼働など電源の多様化も進む中、「再稼働か値上げか」の二者択一を超えた経営判断を迫られている。

……

■東京理科大・橘川武郎教授　再生エネ推進に転換を

エネルギー産業論が専門で北電の社史編さんに関わった経験がある東京理科大大学院の橘川武郎教授に目指すべき電力の将来像を聞いた。

◇

道内では1970年代のオイルショック以降、泊原発と苫東厚真火力発電所の二つの大きな発電所で電力の安定供給とコスト低減を実現してきました。ただ、泊原発は再稼働のめどが立たない。2018年9月のブラックアウトは苫東厚真火発に電力供給の半分を頼ったことが一因で起き、集中型電源の弱さが明らかになりました。

泊原発を全3基稼働すれば、再び電力供給を1カ所に依存することになり、集中型の構造は変わりません。古く、規模が小さい1、2号機をあきらめ、新しく大きい3号機のみ再稼働するのが合理的。同時に各地で風力や太陽光、地熱など再生可能エネルギーを積極的に導入し、発電所の分散を進める必要があります。

道内は再生エネの資源が豊富なのが、他地域にない強みです。再生エネは天候による変動が大きいが、デンマークでは再生エネと熱利用とを組み合わせて克服しました。風力発電などの電力が余ると熱水を作って保管しておき、必要なときにパイプラインで消費者に暖房や給湯向けに供給しています。暖房需要の多い道内でもこうした熱電併給の利点は大きい。サハリンと送電線を結べばロシアと電力の輸出入ができます。

北電は考え方を大胆に変え、北海道の強みを生かした戦略に転換するべきです。

電源集中リスクを予見

「21世紀の持続可能な北海道を目指して」と題した報告書がある。30代を中心とした道職員有志が01年4月から約1年間にわたって道内の環境・エネルギー問題について勉強会を重ね、その成果を翌年まとめたA4判96ページの冊子だ。

目指すべき北海道の将来像を「脱原発のもと、化石燃料に極力依存しない社会」と書いている。北電の泊原発と苫東厚真火発という二つの巨大発電所の名前を挙げて「大規模集中型発電方式の問題点」も指摘していた。

しかし、その報告書は道庁内で一顧だにされず、日の目を見ることはなかった。作成から9年後の11年3月、東日本大震災と東京電力福島第1原発事故が起きた。一時は道内の電力供給の4割を担った泊原発が12年5月に停止後、道内で稼働する原発はゼロになった。代わりにフル稼働していた苫東厚真火発を18年9月6日、胆振東部地震の激震が襲い、前代未聞のブラックアウトが起きた。

脱原発や、化石燃料依存からの脱却――。道職員有志による報告書「21世紀の持続可能な北海道を目指して」の描いた将来像が実現していれば、11年に起きた東日本大震災後の道内のエネルギー事情は違っただろう。18年秋の胆振東部地震に伴うブラックアウトも回避できたかもしれない。

「今から考えれば本当にもったいないですね」。報告書を読み返しながら、札幌の弁護士伊藤昌一さん（46）はつぶやいた。当時は20代の道職員で、環境政策課主事として報告書の作成に関わった。勉強会に参加した道職員は伊藤さんを含め34人に上る。

報告書は、将来的な脱原発の視点に立って01年1月に施行された「北海道省エネ・新エネ促進条例」を参考に作られた。ブラックアウトで注目された北電の苫東厚真火発と泊原発の二つの巨大電源に頼る供給体制の問題に当時から踏み込んでいる。「発電所から消費地まで遠いため、排熱を有効活用できず、送電ロスも大きい」「（発電所がある）供給地の安全性などへの不安が需要地に伝わりにくい」。発電所の立地自治体への交付金が地域の自主性を失わせる可能性も指摘した。

エネルギー政策への提言の核をなす脱原発の主張は「放射性廃棄物の処理方法が確

立されていないこと」を踏まえた。その上で「地域分散型エネルギーが効率的に活用される社会を構築する必要がある」と再生可能エネルギーの主力電源化を求め、導入促進策として、12年に始まった固定価格買い取り制度（FIT）の必要性にも言及した。伊藤さんは「国策の原発について道が独自に方針転換できるか、現実にはなかなか難しい。しかし、若手はこう考えているという気概を示したかった」と回想する。

近年のエネルギー問題を予見していたかのような先進的な内容の報告書だが、当時の堀達也知事も、続く高橋はるみ前知事も目にすることはなかった。メンバーが上司に提出した後、そのまま放置されたという。道の公文書としても保管されず、「幻の報告書」となった。「上司からすれば、何を青臭いこと言ってるんだという感じだったかもしれない。できもしないこと書くなよ、と」。当時、環境生活部の主査として

2002年に作成された報告書「21世紀の持続可能な北海道を目指して」。当時から電源の一極集中を問題視していた

勉強会に参加した阿部淳・気候変動対策担当局長はそう振り返る。

縦割りが阻む

北電の発電量に占める原発の割合は、東日本大震災の前年の10年に4割以上を占め、全国でも関西電力に次いで高かった。震災後は火力が7割以上に達し、中でも、割安な海外炭を燃やす苫東厚真火発に依存しすぎたことが全域停電が起きた一因とされる。泊原発の再稼働が不透明さを増すなか、道が後押しする形で、再生エネの導入を主軸とした電源の分散化をもっと加速させるべきだったとの指摘は根強い。

電源構成の見直しを求めた報告書のような大胆な政策転換の「旗振り役」に、なぜ道はなれなかったのか。報告書作成時に幹部だった道庁OBは「当時は道外企業の誘致のため、安く安定的なエネルギーの供給も必要だった。原発を止め、再生エネで電源分散を図ればいいという単純な話ではなかった」と説明する。

報告書作成から17年余り。この間、道内では風力やバイオマスなど再生エネの発電所が次々誕生し、液化天然ガス（LNG）を燃料とした石狩湾新港火発の稼働や、道内と本州を結ぶ北本連系線も60万キロワットから90万キロワットに増強された。エネルギーを取り巻く環境が大きく様変わりした今、ブラックアウトの経験も踏まえた電力の将来像の具体化が求められる。報告書は、終章でこう結んでいる。「(行政が)縦割りの状態では実現が困難。ものごとを横割りで統合的に捉える視点が必要となる」

風力適地開発へ争奪戦

日高管内えりも町が保有する道営牧場の跡地。1996年に閉鎖されて以降、十分な使い道がなく、廃虚も放置されてきた場所を巡って、2018年から突如として争奪戦が勃発している。

19年4月24日。道が札幌市内で開いた環境影響評価審議会で、この跡地の利用を前提とした二つの異なる風力発電所計画が議論された。計画を作るアール・イー・パートナーズ(大阪)と日本風力開発(東京)は全く別の企業。「すみ分けを考えないと。環境面でも新たな問題が発生する」。委員からも戸惑いの声が漏れた。

えりも町では、この2社に加え、風力発電国内最大手のユーラスエナジーホールディングス(東京)が道営牧場跡地で調査を実施。JR東日本の子会社と米証券大手ゴールドマンサックス系の企業も町と接触を重ね、計5社が事業進出の機会をうかがう。

のか。

現在稼働する大型風力発電設備が一つもない町になぜ、事業者が次々と集結し始めた

転機となったのは、道内と本州を結ぶ北本連系線の容量拡大だ。

日本風力開発の塚脇正幸社長は「19年3月に容量が60万キロワットから90万キロワットに増え、さらなる増強も議論されている。新たな風力開発の可能性が見えてきた」と話す。約10年前に同様の風力発電所の建設を検討した際には「需要地に十分な電力を送れない」と断念したが、今ならつくった電気を本州に流して売るビジネスモデルが成り立つと踏む。

アールイー・パートナーズは「えりも町は風力発電所の立地として、国内最後の聖地」（池田昭洋代表）と位置づける。隣国のエネルギー大手、韓国電力公社の資金を得て約1200億円分の事業費を捻出する構えだ。町内で発電所建設を検討する別の企業と、送電線建設の協業に向けた動きも始めている。

一部の発電事業者は、JR日高線の廃線を前提に「必要な送電線の敷設ルートになる」として沿線の跡地利用をうかがう。鉄路は地権者が限られており、用地交渉の時間と労力が軽減できるからだ。

町側の期待も大きい。事業者の計画を全て足し合わせれば、100本超の風車が町

内に林立することになる。町担当者は「仮に50本でも年間の固定資産税は1億4千万円。現在の町の同税の額（1億5千万円）に近い新たな収入になる」と試算する。事業会社の法人税収入やメンテナンス要員の長期滞在もあり、町への経済効果は絶大だ。

道内ではえりも町以外でも、ユーラスエナジーホールディングスなどが稚内市と宗谷管内豊富町に計60万キロワットの風力発電所の建設を計画しているほか、渡島管内の松前町や八雲町などでも10万キロワット級の施設の新たな建設計画が発表されている。石狩湾新港では、海の上で風車を回して電気をつくる洋上風力発電所の建設計画も進んでいる。

10万キロワット級の風力発電施設の建設は「環境アセスメントや地元住民との交渉に時間を要するため、運転開始まで10年後を見据えた仕事になる」（日本風力開発の塚脇社長）。周辺環境や景観への配慮など、風力発電所の建設実現までに乗り越えなければならないハードルはなお高い。

ある発電事業者は「すべては泊原発の将来を織り込んだ動きだ」と打ち明ける。泊原発1号機が29年、2号機が31年に政府が定めた「寿命」の40年を迎えることを見据え、今から風力を代替電源として整備しているというわけだ。

これまで実現困難とされた場所でのエネルギー資源の開発に、多くの事業者と投資家が注目し始めている。大型原発と火力発電所への依存を前提としてきた道内の電力供給体制は、近い将来の分散へ大きく動きだしている。

新電力誘う連系線増強

「北海道と本州の競争条件はほぼ同等になった。これなら道内で攻めていける」。道内上位の新電力幹部は自らを鼓舞するように語った。19年3月下旬、北海道と本州を結ぶ送電線「北本連系線」の容量が60万キロワットから90万キロワットに増強され、電力取引所の道内市場価格が前年より9%も下落。取引所で電力を調達する新電力には待ちに待った追い風となった。

電力業界は大都市部で競争が激しく、新電力が伸びる余地が大きいのは地方だ。北海道電力の高い電気料金を背景に道内の新電力のシェアは20%（19年1月）とすでに全国で最も高いが、新電力最大手のエネット（東京）は「北海道は今後も可能性のある重要な市場」（谷口直行営業本部長）と位置付ける。

06年に道内で電力販売を始めたエネットは、北電より10%以上安い料金などを武器に、商業施設やオフィスビルといった大口を中心にシェアを拡大。契約数は約

3200件に上る。「北本連系線の増強でさらにビジネスがやりやすくなる」とみて、札幌支店開設の検討を始めた。

北本連系線の増強は18年9月のブラックアウトを機に加速し、政府は今後120万キロワットにまで増やす計画だ。停電防止が狙いだが、道内―本州の送電容量増と市場価格低下を通じて新電力の勢いは増しそうだ。

北本連系線は、道外の大手電力までも呼び込む。

「電気は本州から持ってきますから」――。道内に4店の大型ホームセンターを運営するジョイフルエーケーの担当者にこうささやいたのは、東京電力ホールディングス傘下の新電力、テプコカスタマーサービスだ。

2019年3月に60万キロワットから90万キロワットに増強された北本連系線

19年4月からの店舗への電力供給先を巡り、テプコ社と北電との争奪戦になったが、ジョイフルエーケーは「テプコ社の示した額のほうが安かった」(太田則夫取締役)として、調達先を変更した。

テプコ社は関西や中部など他電力のエリアで積極的に大型需要を獲得しており、北本連系線増強でさらに道内で攻勢を強めるとみられる。

北電も負けっ放しというわけではない。道内の大口市場から撤退したF—Power(エフパワー)が供給していた道内の「セブン—イレブン」の電力需要を19年2月、8カ月ぶりに奪い返した。運営する流通大手セブン&アイ・ホールディングスは「コストを中心にさまざまな視点で検討した結果」という。

関係者によると、新電力に傾いた顧客にはさらなる安値を提示し、取り返しているという。北電の真弓明彦社長は19年4月25日の記者会見で「大口向けの需要では、他社への契約切り替えに歯止めがかかっている状況」と自信を示す。北電は電力小売り全面自由化以降、下がり続けてきた販売電力量の見込みを、19年度は前年度並みとした。

北電は12年に全3基が停止した泊原発が再稼働しなければ電気料金は下げられないと繰り返してきたが、他社の攻勢を前に値下げせざるを得ない状況だ。

さらに、北電は上川管内下川町で三井物産（東京）と共同開発した木質バイオマス発電設備を19年5月11日に稼働させたほか、海上に風車を建てる洋上風力への参入を検討するなど再生可能エネルギー開発にも注力。再生エネは将来的に発電コストが下がる見込みで、本州への送電増加で道内でのさらなる導入拡大が見込まれる。

北本連系線増強は国内一高い道内料金水準の転換につながる可能性がある。

再生エネ普及に足かせ

「ヒグマが新しい風車を避けて村に下りてくるんじゃないかと、住民は懸念している」。19年4月中旬、経済産業省で開かれた環境審査顧問会。米国系発電会社のインベナジー・ジャパン（東京）が後志管内留寿都村で計画する風力発電施設に対し、出席者から厳しい指摘が飛んだ。

計画が浮上したのは15年。村有地を借り受け、高さ157メートルの風車18基（総出力約7万6千キロワット）を23年に稼働させる予定だが、環境や景観の悪化を懸念する地元から計画の見直しを求める声が出た。

経産省は19年4月24日に生態系への影響に関する追加調査を勧告。同社幹部は「住民には丁寧に説明していく」と話すが、経産省は結果次第で計画の再検討を求めており、計画通りに進むかは予断を許さない状況だ。

18年9月のブラックアウト以降、原発や火発などの大規模発電所に依存している供給力の分散策として注目を集める再生可能エネルギー。日本風力発電協会（東京）によると、北海道が国内最大の適地とされる風力発電の18年末時点の累計導入量は365万3千キロワットと17年末比で7・7％増えたが、30年度の政府目標（1千万キロワット）の約3分の1にとどまる。今のペースでは、目標達成は困難な状況という。

普及拡大のネックになっているのが、時間的なコストだ。風力発電の場合、出力1万キロワット以上の発電所は環境影響評価（アセスメント）が義務づけられ、手続きに4〜5年かかる。運転開始まで10年を超えることもあり、アセス対象を大規模設備に絞って導入促進を図る欧州主要国に後れを取る一因になっている。

道内のある風力発電事業者は18年、北海道電力が募集した22年度からの風力発電受け入れに関し「アセスに時間を要するため、間に合わない」と参入を断念した。地元住民との調整が難航し、事業規模を縮小する事例も後を絶たない。

金銭的なコストの問題はさらに深刻だ。大手電力が、新規参入事業者に送電線の建設費負担を求めるケースは道内外で相次いでいる。人口が少ない時代に整備された郡部を中心に送電線は細く、新たな電気を流せる空きが少ないためだ。北電は、風力の発電量が天候や気象条件で変動することから蓄電池の併設も原則求めており、これも新規参入の足かせになっている。

「出力千キロワットの再生エネの発電設備を建てようとしたら、大手電力から200億円超の費用負担を請求された」。東京の弁護士らが4月中旬に都内で開いた再生エネ事業者対象の相談会で、参加者の一人は嘆いた。相談を受けた弁護士の一人は「採算が成り立たず、計画を諦めろと言っているようなものだ」と憤る。

運転開始までの期間と費用という「二つ

留寿都村で計画されている風力発電が取り上げられた経産省の環境審査顧問会。景観や動植物などに与える影響について質疑が行われた

のコスト」の問題は、太陽光など風力以外の再生エネにも共通する。国の「固定価格買い取り制度（ＦＩＴ）」に基づく電力の買い取り価格も年々下落しており、新規参入のハードルはなお高い。

政府は再生エネの普及拡大に向け、アセスにかかる期間の半減を目指して検討を進める。経産省内では「北本連系線を増強しても、道内の系統を整備しないと供給体制は完成しない」（幹部）として、既設の鉄塔の送電線を増やすことも視野に議論が行われている。

京都大の安田陽特任教授（電力工学）は「欧州では10～20年前に送電線問題を克服している。日本は遅れている」と指摘。都留文科大の高橋洋教授（エネルギー政策）は「地域単位ではなく全国規模で（各地域内の）送電線の増強費用を負担する方向で議論するべきだ」と話す。

隣国・中国が安価な太陽光パネルを作る技術立国に成長するなど、アジア各国にも再生エネを武器に産業競争力を高める動きは急速に広がっている。日本が世界の潮流から取り残される懸念は消えない。

「都市計画との整合性を保ち、ネットワークを構築することが大事だ」。

２００８年７月、エネルギー技術の展望をテーマに札幌市内で開かれた国際シンポジウム。この年の4月に北海道ガス社長に就任したばかりの大槻博氏はパネリストとして出席し、地区内でエネルギーを効率的に使う道内初の「スマートシティー」の整備に意欲を示した。

効率的な「地産地消」へ

大槻氏の描いた構想は19年4月27日、ほぼ11年越しで形になった。北ガスから供給される天然ガスを燃料とする出力３１５キロワットの発電機と、その排熱で温水をつくるコージェネレーション（熱電併給）設備などを備えたエネルギーセンターが札幌市中央区に完成。３階建て延べ１３８０平方メートルの建物は、隣接の市中央体育館「北ガスアリーナ札幌46」や、マンション（計２７５戸）の電力と冷暖房の供給を管理する拠点となる。

「ＪＲタワー」「札幌三井ＪＰビルディング」など札幌市内で熱電併給設備を持つ施設は少なくないが、同じ地区内にある複数施設の電力・冷暖房を一手に需給管理する仕組みはこれまでなかった。電気を使う場所で発電するため、電力を運ぶ過程での「送電ロス」がない。電気をつくる際に発生した熱も消費するので「発電ロス」も少ない。電気と熱をどれだけ有効活用できたかを示す総合エネルギー効率は90％前後に上るという。

「都心のエネルギー供給を点から線、面に広げていくことが重要になった」。北ガス幹部は18年9月のブラックアウト以降、スマートシティーの必要性がさらに高まったとみる。地域内でエネルギーを自給する仕組みができれば、ブラックアウトで問題となった苫東厚真火力発電所（胆振管内厚真町）や泊原発（後志管内泊村）のような巨大電源に依存するリスクを減らせるからだ。

コージェネ財団（東京）などによると、

天然ガスを燃料とする熱電併給の設備。新中央体育館などに電気や温水を供給するエネルギーセンターの「心臓部」だ

道内では1980年代から、一般民生用の熱電併給設備の導入が広がり始めた。暖房需要が増す冬場にエネルギーを効率良く使えることもあって普及は徐々に進んだという。このため、専門家の間では「エネルギーを融通し合う供給網整備が進む素地は元々あり、全域停電を踏まえて今後動きが加速する可能性もある」との見方が広がっている。

石狩市厚田地区では2018年度から、市が中心となって電力の地産地消の仕組みづくりを進めている。道の補助金を得て風力と太陽光の発電設備(約30キロワット)をつくり、蓄電設備に電気を蓄えながら地区内で活用する構想だ。早ければ22年度にも小中学校や消防施設への供給を試験的に始める予定で、将来的には一般家庭への送電も視野に入れる。十勝管内鹿追町は環境省の補助を受けて太陽光発電施設を新設し、自前の送電線を敷いて公共施設10カ所に電気を供給する計画の具体化に取り組む。

道外でも、住宅や商業施設に設置した太陽光発電をコンビニなどに供給する実証事業が、19年9月中旬に埼玉県内で始まった。事業を主導するのは総合エネルギーサービスのデジタルグリッド(東京)。同社会長で電源開発(Jパワー)上席研究員を歴任した阿部力也氏は「地域で電力を賄えば、停電に強いだけでなく、再生可能エネルギーを多く導入できる」と話す。

ブラックアウトは、巨大発電所から長距離の送電線で需要地に向けて送電する現在の電力供給システムの危うさをあぶり出した。長期停止する泊原発の扱いが不透明さを増し、火発の老朽化も進むなか、北海道の将来のエネルギー像をどう描けばいいのか――。必要な電力をその地域で賄う「自立分散型社会」の実現は、その一つの答えになる。

第7章

生命線、どうつなぐか

災害時はラジオが最大の情報源―。そんな常識を揺るがす事態が、2018年9月6日、起きていた。国内初のブラックアウトで生命線を断たれた通信、物流、小売業界などの混乱を検証し、課題解決や対策の取り組みを探る。

回線の遮断連鎖

胆振東部地震による全域停電（ブラックアウト）の発生から19時間ほどが経過した6日午後10時22分。STVラジオ（札幌）の技術担当部署に、異常を知らせるアラームが鳴った。周辺約14万世帯に電波を届ける室蘭市内の送信所で音声が送れなくなっていた。

送信所は稼働していたが、音声データが届かない。親局のある札幌から室蘭へ、データを送る回線が不通になっていたのだ。

予備回線への接続を試みたが、これもつながらない。種類の違う二つの回線でバックアップしていたはずが、両方とも使えず「想定しない事態」（長坂清治技術部長）に直面した。

夜も遅かったが、地元の保守業者に送信所へ急行してもらった。携帯電話の回線を使い、なんとか音声データを送れるようになったのは午後11時24分。放送停止から約1時間後だった。

通常の回線は7日午前1時50分ごろ復旧した。だが、「危機を脱した」と安堵《あんど》したのもつかの間。停電発生から丸1日が過ぎようとした午前3時22分、またもアラームが響いた。STVラジオの社内に再び緊張が走る。今度のアラームは檜山管内江差町の送信所からだった。前日の地震による停電直後に稼働した非常用の発電機が突如、止まった。

発電機を3〜4日動かせる燃料は備蓄していた。だが、24時間運転すると自動的に停止する仕組みになっていた。長坂清治技術部長は「社内にその設定を知る者がおらず、停止の理由がまったくわからなかった」という。深夜だったが、地元業者が発電機を再起動するまで、停波は1時間22分に及んだ。

STVラジオだけではない。北海道総合通信局によると、地震時には、全道規模で放送するAM、FMの民放ラジオ局4社すべてで、規模の差こそあれ一部停波が発生した。小規模なコミュニティーFM局でも、道内27社中17社が親局や中継局で停波していた。

エフエム・ノースウエーブ（札幌）は7日午前4時32分に函館で突然放送が止まっ

た。予備回線も使えなくなり「緊急時のマニュアルを超えた事態だった」（加藤秀之取締役）。何度も試行し回線を再接続できたのは午前5時54分。通常番組が開始する午前6時に、ぎりぎり間に合った。

ブラックアウト直後ならともかく、相当な時間が経過していた。なぜ、このタイミングでラジオの命綱である回線は次々と切れたのか。実は、通信線を管理するNTT東日本のサービス自体が停止したのが、大きな要因だった。

NTT東日本は、地震そのものの影響で使えなくなった回線ケーブルなどの通信施設を、6日午前中には大部分で仮復旧させていた。だが、固定電話や光通信などの回線は全道570カ所にある「通信ビル」経由で維持されている。ビル内の管理機器が稼働し続けないと、回線は保てない。

通信ビルのうち、発電機を常備するのは100カ所弱ほど。残りは10～36時間維持できる蓄電池しかない。電源が切れそうになれば、7拠点に配備した移動電源車24台が駆けつけ、充電することになっていた。

だが、「全道が同時に停電することは想定していなかった」（高橋庸人北海道事業部長）。6日夜に一時ほとんどの回線が復旧したが、その後、各通信ビルの電源が失われ始めると、再び通信障害の数は増えていった。

ＮＴＴ東日本はフェリー経由で本州から電源車をかき集めたが、７日午後7時には道内の1割近い14万回線が停止した。北海道総合通信局は、北海道電力による復旧情報の提供が遅れたことで、効果的な電源車配置ができず「道内全体の通信・放送サービスの早期復旧に影響を及ぼした」と報告書で指摘している。

携帯電話各社も同様に通信をつなぐ基地局の予備電源が次々に枯渇し、６日午後９時に全道で約６５００局が不通になった。電力供給が戻っても自動復旧しない基地局も多く、本格復旧は８日までかかった。

救急網も不通

全道停電が連鎖的に通信、放送の遮断を招き、さらに住民を支えるサービスにも大きな影響を与えた。

「保健所とも他の病院とも、連絡がぷっつり途絶えてしまった」。登別市の恵愛病院はあらゆる通信手段を失った7日、地域の救急当番だった。地震の混乱で急患受け入れができなくなっていたが、それを伝えるすべがない。病院では担当者を保健所などに走らせ、できる限りの情報共有にあたった。

再発防止策はあるのか。18年の事態を受け、NTT東日本は二十数億円をかけて、4年間で道内の通信ビルにある蓄電池の容量を増強するという。

だが、民放のラジオ波は難しい。北海道総合通信局によると、NHKには独立した無線で送れる専用の固定マイクロ回線が整備されているが、同様の設備更新には多額の費用が必要だ。ある民放FM局の技術責任者は嘆く。「設備投資には資金面で限界がある。悔しいが、正直難しい」

灯油やガソリン綱渡り

18年9月6日、出光興産北海道製油所（苫小牧）の岩井徹副所長は強い揺れに見舞われた社宅から駆け出て、車に飛び乗った。

胆振東部地震に伴う停電で外は真っ暗。その先にある製油所の煙突から「フレアスタック」と呼ばれる炎が出るのが見えた。精製装置の緊急停止によって配管にたまった高圧ガスを正常に放出している証しで、「最悪の事態は避けられた」。だが、安堵《あんど》する間もなく仕事に追われることになる。

同製油所は原油から石油製品を精製する道内唯一の拠点だ。契約を結ぶ他社への供給分も含め、道内に出回るガソリンや灯油の精製を担ってきたが、地震で装置は完全に停止。動かすには安全確認などで1カ月以上の時間が必要だった。停電で地震発生から2日間は、備蓄した製品を出荷するための機器すら動かせなくなってしまった。

このため、出光興産は経営統合が決まっていた昭和シェルの道外製油所も含めて製品を手配。足りなければ、韓国から輸入するなど綱渡りの状態が、約2カ月後に製油所が全面復旧するまで続いた。「常に時計の針がカチカチ鳴っているような感じだった」と出光の幹部は振り返る。

国内初となる道内でのブラックアウトを受け、国は道内と本州を結ぶ送電線「北本連系線」の増強に動く。だが、石油製品の

非常用発電設備を備えた出光興産北海道製油所の陸上出荷施設

場合、外部からの製品調達で50億円ものコストをかぶった出光をはじめ、国が掲げる「供給責任」の大原則の下、いまなお多くを民間企業が担う構図が続く。資源エネルギー庁の中からも「製油所が地震で止まるのは想定内。出荷機能さえ早く回復すれば有事に対応できる」（中堅職員）との声が漏れる。

災害拠点病院でもある王子総合病院（苫小牧）では地震直後、非常電源用の重油のストックが約1週間分あった。だが、混乱の長期化を見越して積み増しを求めた燃料販売業者からは「補給できるか分からない」との答えが返ってきた。

同病院の渡辺公明事務部副部長は「手を打たなければ、災害が長期化した場合、手術の中止や重症者の札幌への搬送など命に関わる事態が起きかねない」と危惧する。「病院や通信拠点など、燃料を届ける重要なインフラを明確にしておく必要があるのではないか」。地震後、苫小牧、石狩両市に持つ油槽所に非常電源を入れた苫小牧埠頭の橋本哲実社長も、メリハリを付ける必要性を訴える。

「胆振東部地震と同規模の災害が冬季に発生した場合、道民の生命に影響を与えかねない」。北海道経済産業局が設けた検討会は19年4月にまとめた報告書でこう指摘する。何の手だても講じられないまま大規模災害が再び起きれば、暖房に不可欠な灯油、車による食料買い出しに必要なガソリンなどの供給が滞りかねない。ましてや悪天候が重なって、海路に依存する道外からの製品調達が止まれば、道民の多くが命の危険にさらされる恐れもある。

エコカーの普及でガソリンの需要が先細るなど石油販売業界を取り巻く環境は激変。道内では14年、需要のだぶつきを背景に、旧日本石油を源流とする現ＪＸＴＧグループが室蘭での原油精製を止めた。そうした過渡期の間隙《かんげき》を突くかのように起きた大地震が「備え」の大切さを浮き彫りにしたが、多くの関係者が危機感を共有できているとは言い難いのが実情だ。

総力戦で供給網を死守

最大震度7の激震と国内初のブラックアウト。18年9月6日の胆振東部地震は、製造業が集中する道央圏を直撃した。

震源から西に約20キロ。自動車用アルミホイール製造の光生アルミ北海道（苫小牧）では6日朝、駆けつけた社員が、電源を失った電気炉からアルミ原料をひしゃくですくい出していた。

4基の炉で800度以上に溶かしたアルミの温度が下がり始めていた。このままでは収縮の力で炉が割れてしまう。だが、粘度を増すアルミに作業は難航し3基の損壊は防げなかった。

「復旧には1カ月かかるな」。野村嘉之工場長は肩を落とした。塗装作業場の壁は崩落、外れたダクトが垂れ下がっていた。

同社はトヨタ自動車向けを中心にホイールを供給するが、多くの車種で在庫は1週間分ほどしかない。「どうすればいいのか。電話もつながらず、焦りは募った」(野村工場長)。

生産再開のめどが立たない7日夜、3人の男が工場に現れた。トヨタが派遣した復旧班だ。動きは手際よく、1~2日で復旧に必要な作業を見極め、工事業者を本州から呼んだ。在庫が少ない製品は、金型を関連の福井県とタイの工場に送り、供給を続けた。

トヨタからの派遣は最大40人に及び、関連業者を含め最大100人が支援。2週間後の20日には完全復旧し、トヨタが供給網維持の限界と設定した23日まで十分な余裕があった。

地震発生2日後の8日。腕時計部品製造ミクロ札幌(石狩)の栗田寿一郎工場長は、大きなリュックを背負い、新千歳空港から静岡行きの便に乗り込んだ。

荷物の中身は長さ0・6ミリの金属製微細ねじ。その数なんと200万個。それでも重さ計約7キロほどで、機内持ち込み容量には収まったが、保安検査場で怪しまれた。「これはわが社の製品。なんとしても届けなければならないんです」。熱心な説明に空港職員も最後には納得してくれた。

同社は国内大手向けに部品供給するスター精密（静岡）の子会社。停電が続いた7日昼、親会社から切迫した連絡が入った。「週明けの10日朝に部品が届かないと、納入先のシチズン時計の製造ラインが止まる」

在庫は石狩にあった。だが、親会社が要員を派遣しようにも、新千歳便の航空券が取れない。静岡から単身赴任中の栗田工場長が偶然買っていたチケットが役に立った。細心の注意で運び込み、シチズンの製造ラインを守った。

オエノンホールディングス（HD、東京）傘下の合同酒精苫小牧工場は2カ月間運転が止まった。製造する工業用アルコールは医療や食品製造でも使われ、不足すれば影響は大きい。

地震で工場は敷地が液状化し、地下に埋設する排水管が損壊していた。原料の蒸留過程で必要な冷却水が使えず、工場は動かせない。取引先には他社からの調達に切り替えてもらい、オエノンHDの販売損失は13億円超に達した。

ただ「なんとか取引先への迷惑を最小限にとどめ復旧できた」（伊藤慈洋工場長）

のは平時の備えのおかげ。燃料用重油タンクは堤防が損壊して今も使えない。だが、以前に液化天然ガス（LNG）を導入し、燃料を複線化したことが生きた。LNGがなければ停止は今春まで延びていた。

地震から9カ月後。光生アルミ北海道の玄関には、工場再開後最初に造ったホイールが展示されていた。表面には復旧に携わった多くの人のサインが記され、トヨタ社長の「豊田章男」の文字もある。復旧翌日の21日にひそかに訪れ、現場をねぎらっていた。

総力戦で供給網を守る。そのスピード感にニッポン製造業の力強さを見た。

電子決済の普及へ一石

「この時代にカードが使えないなんて」。胆振東部地震が発生した18年9月6日、東京都北区の会社員田松康平さん（32）は出張先の札幌市内で途方に暮れた。普段の支払いはクレジットカードや電子マネーが中心で、このときの所持金は3千円足らず。コンビニで飲料水やスマートフォン用充電器を買うと、財布は空っぽになり、翌日に現金自動預払機（ATM）が復旧するまで不安の中で過ごした。

約2日間続いたブラックアウト。なんとか営業した店舗でも多くはカード用端末が稼働せず、決済ができなかった。レジは動かず、会計時に金額を読み取り集計管理する販売時点情報管理（POS）システムも機能しない。手計算に頼るしかなかった。

「カップ麺は2個100円、ジュースも2本100円」。コープさっぽろルーシー店（札幌市白石区）は地震当日、価格確認や支払いの煩雑さを避けるため、値段設定を単純化して、詰めかけた客に対応した。手書きで集計し、値引き分は特別損失として計上した。

コープはこの日、時間を短縮するなどして全108店を開いた。カード払いを推進するコープのキャッシュレス比率は半数近い。現金のないカード利用客には後払い対応を考えていたが、申し出はなく混乱もなかった。とはいえ「知り合いに現金を借りる人もいたようだ」と前田博幸店舗運営部長はやるせない思いだ。

こうした教訓を踏まえ、3千万円を投じ、本年度中に全店に小型発電機を配備する。最低限のレジやカード決済端末などが最大12時間稼働し、データはレジ内に蓄積できるようになる。

「クレジットカードも電子マネーも使えなかった」。コンビニ道内最大手のセコマ（札幌）の丸谷智保社長も電子決済への対応には悩まされた。

地震時に〝神対応〟と評判になったセコマは、非常用の電源キットを全店に配備し、自動車の電源を使いレジを稼働した。しかし、電子決済端末の電源までは確保できなかったのだ。

セコマは19年2月、日産自動車と災害協定を結んだ。停電時に派遣された電気自動車から給電するモデル店舗を札幌市内に整備し、電子決済だけでなく、冷凍庫なども使えるようにする。さらに、持ち運び可能な給電機でサポートする。

「災害などの非常時に利用できない」。18年11月の民間会社調査では、キャッシュレス化で懸念することに40％（複数回答）がこう答えた。16年の日本の利用比率は19・8％。政府は25年までに40％の目標を掲げるが、今回の混乱は普及を鈍らせかねない。

大和総研の長内智主任研究員は「小銭を中心に、常に数千円を財布や防災袋に入れておくのが基本」と指摘。一方で現金にも盗難などのリスクがあり「災害時でも使えるキャッシュレスとの併用が必要」という。

首都圏では、東急電鉄の券売機でスマホをかざせば一部の銀行口座の現金を引き出せる「キャッシュアウト」が19年5月に導入された。だが、全国的な広がりは見せていない。

「スマホさえ動いていれば、ＱＲコード決済は可能。レジが機能しなくてもシステム上に取引記録も残る」。産官学組織「キャッシュレス推進協議会」（東京）の福田好郎常務理事は、逆に停電時にこそ強みがあり、普及の好機とみる。協議会では19年6月中にもカード、携帯電話各社が集まり災害時対策の協議を始める。技術革新に向け、図らずもブラックアウトは呼び水となった。

生乳廃棄の悪夢拭えず

「苦労して搾った生乳を消費者に届けられず、捨てるっていうのは本当に腹が立つ」。根室管内別海町で二つの牧場を持つ加藤忠博さん（71）は、ブラックアウトが起きた18年9月6日を思い出し、悔しさをにじませる。

搾乳を始める午前4時半になっても電気が復旧せず、4年前に400万円かけて整備した移動式の発電機を初めて動かした。搾乳作業は1時間ほど。だが、生乳を一時保管する設備を冷やすのに時間がかかり、長男の牧場を含めて作業は6日深夜まで続いた。こうした努力を無にしたのが、乳業工場の停電だった。

生乳は乳業各社の道内工場やホクレンの貯乳施設に集められ、一部は船などで本州に運ばれる。ところが、停電中に動いたのは、道内39工場のうち、非常用電源があったよつ葉乳業の2工場だけ。自家発電機を持つ酪農家も工場が動かなければ生乳を出荷できない。結果的に6・6トン、66万円相当の生乳廃棄を強いられた加藤さんは「俺も自分を守るために投資した。企業にも生乳を受け入れられる最低限の発電施設だけは用意してほしい」と話す。

その後もこうした切実な声が届いているとは言えない状態が続いたが、非常用電源の整備について前向きに検討する動きが乳業大手にも広がってきた。当初から「酪農家が搾った生乳を一滴も無駄にしないようにするのは当然のこと」としていた、よつ葉乳業は20年春、道内全4工場で非常用電源の整備を終えた。

国は胆振東部地震後、乳業業界に持続的

草をはむ牛たちを前に「搾った生乳を消費者に届けられなかったことが悔しい」と話す加藤忠博さん＝別海町

な生乳の生産・流通に向けた計画策定を義務付け、非常用電源の整備費の3分の1から半額を助成する制度に3カ年分で19億円を計上した。実際には1カ所で数億〜十数億円とされる設備費に加え、維持費もかさむだけに、「どれだけの停電を想定するかで、設備費も変わってしまう」と一部の関係者は戸惑う。北海道電力の態勢強化を横目に「全域停電は二度と起きない」と割り切る声すら漏れる。

職員が発電機を運んで組合員の搾乳を手伝った道東あさひ農協（別海町）は地震後、全酪農家約500戸に自家発電機を導入する方針を固めた。ただ、現状のままなら加藤さんのような思いをする人が再び出かねない。原井松純組合長は「道東沖地震が起きる可能性もある。整備を急いでほしい」と注文を付ける。

近年は高齢化などで道内外で酪農家の離農が増加。全国的に、飼育頭数の拡大で生産を伸ばす道産生乳の道外移出に頼る傾向が強まっている。「18年9月は牛乳の品薄状態が1カ月ほど続いた」（首都圏の中堅スーパー）とされ、今や道内酪農業だけの問題とは片付けられない状況にある。

生き物を扱う酪農家の日々の努力を無にせず、全国の家庭に途切れることなく乳製品を送り届けるためにも「生産、加工、流通が一体でどこまでのリスクに備え、対策費をどう負担するか検討が必要」（酪農学園大の日向貴久准教授）。全域停電を教訓に、最適解を探す地道な努力が求められている。

第8章

過去から未来へ

胆振東部地震を経験した私たちは今後、どう課題を乗り越え、どう教訓を生かせばいいのか。最終章では、「過去の災害」や「未来に起こりうる災害」と向き合う全国の人々を訪ね、ヒントを探す。

新たな住まい地域主導

2016年 熊本地震

「ここは、ほんなこつ（本当に）居心地が良かです」。2016年4月の熊本地震で家屋7千棟以上が損壊した熊本県宇土市。郊外の境目団地を「ついのすみか」に決め、19年1月から新生活を始めた小田ユキ子さん（72）は6畳の居間でこう言った。

4軒続きの木造長屋、間取りは2DK。市は18年夏、住む人がいなくなった市内の仮設住宅9棟26戸を県から無償で譲り受けて、防腐処理などの改修を施し市営住宅に転用した。行き場に悩む高齢の被災者らに月額7千〜2万円で貸している。

小田さんの夫は十数年前に他界した。残してくれた一軒家は2度の激震で傾き、大規模半壊と判定された。同居の長男は長引く避難生活で体調を崩し、今も入院中だ。年金頼みの生活のため住宅ローンは組めず、自宅を解体し、18年9月には土地も手放した。「お父さんに申し訳なかね」。家も土地も、思い出も失った。

災害公営住宅の入居条件は全壊。知人のいない民間アパートに引っ越すか、住み慣れた土地を離れて市外に住む長女と暮らすか――。周囲が新居を決め、次々と仮設を離れても答えを出せなかった18年末、市から今の住宅を勧められた。

「心底ほっとした」。長屋には親しい人たちがいる。家具やカーテンを少しずつそろえ、今は「ここが私の居場所だ」と思える。

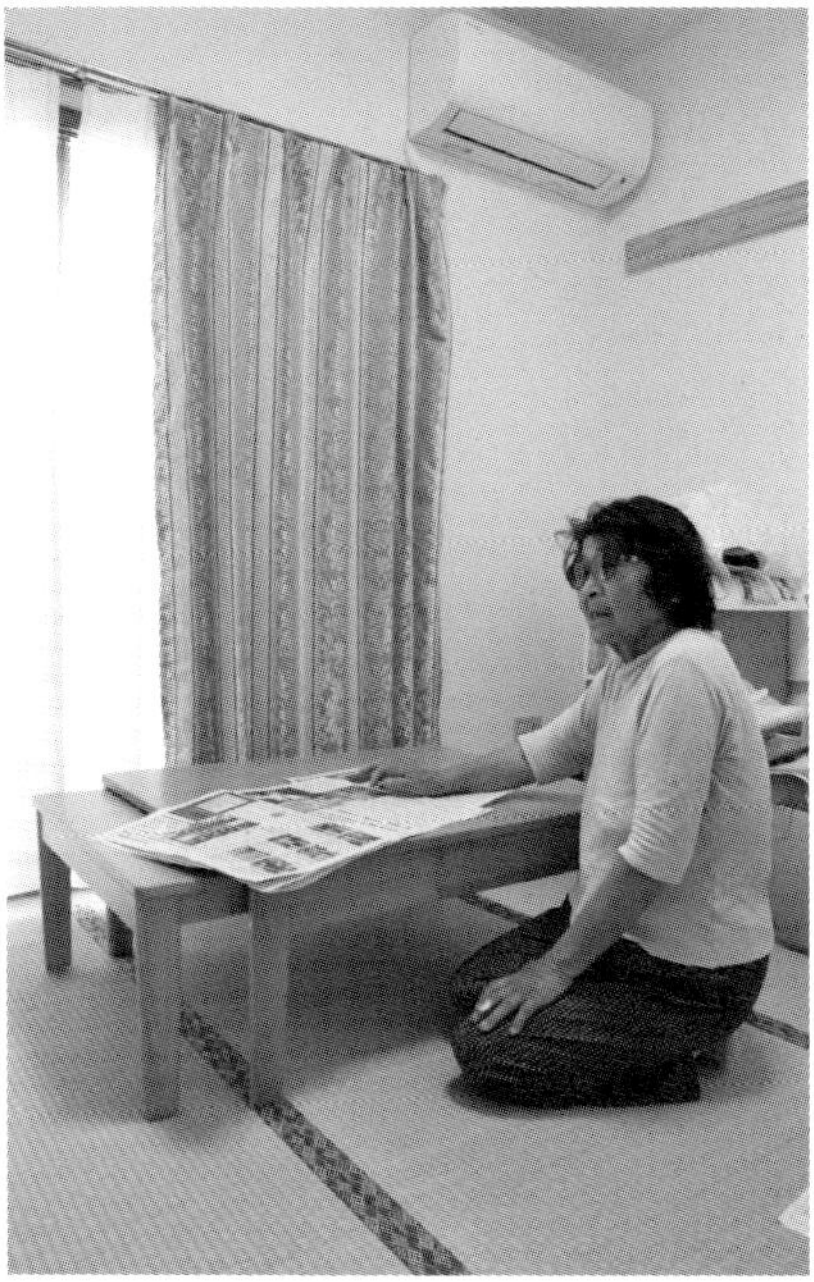

仮設から転用された市営住宅でくつろぐ小田ユキ子さん。お気に入りのテーブルで新聞を読むのが日課だ

熊本地震で県内の家屋は20万棟以上損壊。復旧作業の建設業者が各地で取り合いとなり、宇土市の災害公営住宅の着工は4カ月遅れた。一方、仮設住宅の転用は1戸10万円程度の簡単な工事でできたため、市は迅速に住まいを提供できた。

災害公営住宅の入居条件は公営住宅法で限定されているのに対し、仮設を転用した公営住宅の条件は自治体が自由に決められる。耐用年数は約30年あり、将来は移住者の受け入れなどへの活用も想定される。同市都市整備課の甲斐裕美技術統括は「災害公営住宅で救えない人の受け皿となるだけでなく、市の活性化にも役立てられる」と話す。

同県中部の益城町東無田地区。立ち並ぶ民家の間にぽかっと現れた約1500平方メートルの空き地の真ん中で、田崎真一さん（57）は両手を広げた。「ここに災害公営住宅ができます」。住宅街の民有地に建つのは全国的にも珍しく「自分たちの地域のもんが住む家だけん、自分たちで良いもんにした方がよかでしょ」。

益城町では住宅の9割が被害を受けた。自宅再建できない高齢者らの多くが災害公営住宅への入居を希望し、町は住宅街から離れた農地など10カ所に建設を計画。だが田崎さんら東無田地区の住民の頭には過去の震災で相次いだ孤独死問題がよぎった。「悲劇を繰り返したくない」。住民は毎月、未来の東無田地区について議論し、理想の住まいを導き出した。

住民の顔が見えるまち みんなで見守る公営住宅

そして見つけたのが町中の空き地だ。「ここしかない」。自分たちの思いを地権者に伝え、土地の提供を頼み、町の災害公営住宅検討委員会には建設予定地の再検討を求める手紙を書いた。田崎さんは「注文するだけじゃなく、自分たちで考えて行動しなきゃダメだと思った」と話す。

検討委委員の沢田道夫・熊本県立大教授（地方自治）も、そんな熱意に動かされた一人だ。「地震を契機に生まれた住民自治の芽を応援したいと思った」。土地の値段や環境、支援のしやすさなどの項目で評価し直し、「住民案を尊重すべきだ」との意見書を出した。

1年の議論の末、町は田崎さんたちの意見を取り入れ、住宅街にも災害公営住宅を建てることを決めた。

庭先で洗濯物を干す人がいる。道端で談笑する人がいる。そんな住民が姿を見せ合うこの集落は「決して誰も独りぼっちにしない」。みんなが描いた未来の設計図を基に20年3月、12戸の災害公営住宅が完成する。

■住宅確保　多様に

胆振東部地震では胆振管内むかわ、厚真、安平の3町を中心に2099棟の家屋が全半壊し、2019年3月末時点で180世帯が仮設住宅で暮らす。厚真町は19年内にも災害公営住宅を整備する予定だが、安平、むかわ両町は国の整備条件を満たせず、対応を模索している。

熊本県は仮設の無償譲渡のほか、建築関係団体に依頼して価格を約1千万円に抑えた住宅も提案してもらった。県住宅課の今福裕一課長補佐は「地方では特に住宅再建が難しい高齢の被災者も多い。経済状況に合わせ多様な住宅確保の形を示すことが大切」と話す。

心の復興終わりはない

2011年 東日本大震災

「自分がこうなるなんて思わなかった」。東日本大震災の発生から1年後、当時タクシーの運転手だった仙台市の佐藤俊治さん(69)はうつ病を発症した。

震災3日後。市内の得意客から電話が入った。「石巻まで家族を捜しに行きたい」。迂回《うかい》を重ね、山道を抜け、2時間後にたどり着いた沿岸部は大量のガレキで埋もれ、家や建物は跡形もない。「想像もしなかった光景」だった。

その後も被災地に向かう仕事を受けた。震災から半年ほどたったころ、イライラが抑えられなくなった。理由も分からず不安が募り、押し込めるために浴びるように酒を飲んだ。仕事に行こうとすると吐き気や頭痛に襲われ、行きつけの病院で「心療内科に行くべきだ」と説得された。診断はうつ病。医師は「震災の影響」と言った。まさか——。

地震では液状化によって自宅のアパートが傾き、住めなくなった。だが身内や友人が亡くなったり、行方不明になったりしたわけではなかった。「自分はそこまで『被災者』じゃない」と思ってきた。それでも

佐藤俊治さんは、会社を辞める直前まで障害者手帳を申請できなかった。「なぜ俺が、と周りに病気のことを話せなかった」＝仙台市

「こんなに心が崩れるとは」。症状が悪化し、2014年に会社を辞めた。今も薬を飲みながら病院に通う。

震災発生から1年の間に岩手、宮城、福島の3県は、国の支援を受けて精神科医や精神保健福祉士などを集めた「心のケアセンター」をそれぞれ設置した。

被災者らから3センターに寄せられた相談件数は13年度、計2万1373件。4年たった17年度も計1万9681件と、高止まりしたままだ。何年たっても減る兆しは見えない。

みやぎ心のケアセンター副センター長の福地成さん（43）は、被災者の心がダメージを受けやすいタイミングについて①震災直後、身近な人を亡くして悲嘆する時期②避難所や仮設住宅での避難生活を送る時期③仮設住宅から災害公営住宅に転居するなど、住環境が変わる時期④生活を再建し、安定してきた時期――など複数を挙げる。

転居で親しい人と離れて孤立感を深めたり、生活が少し落ち着いたことで張り詰めていた心の糸が切れたりし、症状が出る例が目立つという。福地さんは「経済的困窮や家族との不和など複合的な要因が加わり、症状を悪化させる人も多く、1人当たりの相談回数も増えている」と話す。

多くの人が行き交うJR石巻駅前のビル1階。ガラス張りの開放的な入り口が目を引く。宮城県石巻市と仙台市の精神科医らが11年に設立した「からころステーション」だ。市や県の委託を受け、被災者の幅広い相談を受け付けている。

「仕事がない」「子どもとの関係がうまくいかない」…。一見、心の問題と関係なさそうな話題でも、会話を重ねるうち、その人のさまざまな心の傷が見えてくる。『心の問題』を前面に出すと相談をためらう人も多い。あらゆる相談を受ける形なら、言い出しにくい悩みも打ち明けやすい」とスタッフで臨床心理士の渋谷浩太さん（37）は言う。「重症化する前に受け止めるチャンスができる」

国の「復興・創生期間」は20年度で終わる。相談業務に関わる国の財政支援は見通せない。震災直後から石巻市の保健師として心のケアに携わった沓沢はつ子さん（60）は「国は長期的視点の計画を示してない」と漏らす。

震災から3年後、ある会合で出会った高齢女性の言葉が忘れられない。娘と孫を津波で失ったという女性は「震災のことはまだ話す気になれない」と言った。

気持ちの整理に必要な時間は人それぞれだ。震災から10年近くが過ぎた今も、話せない人はきっといる。

「心の復興に終わりはない」。沓沢さんはそれを前提に被災者に寄り添うことこそが、「心のケア」だと思う。

■継続的な健康調査を

胆振管内厚真、安平、むかわの3町は本年度、各町の健康診断に合わせて被災者の「心の健康アンケート」を行うことを決めた。

東日本大震災では、宮城県が2011年度から毎年、仮設や災害公営住宅などに住む被災者の心身状態を確認する健康調査を行っている。みやぎ心のケアセンターの福地成副センター長は「数年たってから心身の状態が変化した被災者を把握するためにも、継続的な調査が必要」と指摘。県健康福祉課の東大介主査は「一人一人の体調把握だけでなく、調査結果を専門家が分析することで全体の傾向が分かり、施策に生かすこともできる」と話す。

産業を守り 集落を守る

2004年 新潟県中越地震

梅雨の晴れ間の6月中旬、新潟県長岡市山古志《やまこし》（旧山古志村）種苧原《たねすはら》に広がる棚田。山古志営農組合の組合長樺沢三治郎さん（70）は青々と伸びる稲を見て目を細めた。「だいぶ、おっきくなってきたな」。2004年の新潟県中越地震の爪痕は遠くの山肌にわずかに残るのみ。日本の農村の原風景と呼ばれる棚田はすっかりよみがえっていた。

旧山古志村は札幌市中央区とほぼ同じ広さ。平地はほとんどなく、地震による地滑りや土砂崩れが329カ所で発生した。道路が寸断され、点在する14集落は孤立し、村民約2200人がヘリでの「全村避難」を強いられた。山古志で今も民宿を営む星野京子さん(78)は、自衛隊ヘリから変わり果てた村を見て「もう村で暮らせないと思った」と当時を振り返る。

「田んぼが荒廃したら集落を維持できない」。樺沢さんたちは営農できない被災農家らに代わり、作付けや水の管理を引き受ける営農組合を設立した。地震の1年半後、まだ仮設住宅で暮らしていたときだった。

組合員の佐藤幸夫さん(64)は「毎晩の

棚田を背に「田んぼは山古志の人の生きがい」と口をそろえる樺沢三治郎さん（左）と佐藤幸夫さん。2019年6月18日には「新潟・山形地震」が発生したが、目立った被害がなかった

ように仮設団地の集会所で田んぼをどう守るか、話し合った」と語る。組合で使う農機具の購入費用約4千万円は、新潟県などでつくる復興基金から得た。連日の議論を基に、自分たちの活動を基金の支援メニューに加えるよう、県に働きかけた成果だった。「本当に有効な支援は当事者しか分からない」。これからも住み続ける人々が考えなければ――。

避難指示が全て解除された2年半後、山古志の人口は地震前の7割に、農地は約100ヘクタールから約90ヘクタールに減った。種苧原も約190世帯から約140世帯に。それでも組合は8ヘクタールの水田を管理し、美しい棚田の多くを維持する。樺沢さんは「集落を守るとは産業を守ること。それが山古志で言えばコメだ」と訴える。

元長岡造形大（長岡市）准教授で、山古志復興新ビジョンの策定などに携わった沢田雅浩・兵庫県立大准教授（47）＝災害復興・地域計画＝は「大地震などの災害は過疎のスピードを25年早める」と指摘する。

山古志の人口は19年6月現在944人。地震前の半分以下となった。一方で17年度の観光客数は約8万3千人に上り、地震前よりも大幅に増えたという。沢田准教授は「集落が縮小しても、住民は農業や特産のニシキゴイといった地域の特徴を守りながら、地震でつながったボランティアら『外の力』と連携し、活性化策を見いだした」と話す。

長岡市山古志支所隣の「やまこし復興交流館おらたる」で、運営に携わる井上洋さん（41）も旧長岡市出身だ。学生時代から地震ボランティアとして山古志に通い、「再建を見届けたい」と地域復興支援員になった。地震関連の展示室やシアターを備える同館の来場者は年間3万人で推移する。支所職員は「しがらみがなく、豊かなアイデアを持つなど、井上さんは欠かせない存在」と期待する。

復興に役立ててほしいと、米国の牧場から届いたアルパカ3頭で始めた観光・生産牧場「山古志アルパカ村」もにぎわう。今は2カ所で40頭を飼育し、県内外のイベントにも貸し出す。元山古志支所長で牧場の社長青木勝さん（69）は「譲り受けた資源を最大限生かし、地域は地震前より活気が出てきた」。人口は減っても外からは多くの人が訪れる。「マチの元気は人口だけでは測れない」と感じる。

ニシキゴイは江戸時代、突然変異で色のついたマゴイを商品化しようと思いついた山古志の人の創意工夫で生まれた。地元NPO団体理事長で山古志商工会長の田中仁さん（59）は言う。

「転んでもただでは起きないのが山古志気質。開拓精神を持った北海道の人も、必ず復興できるはずです」

■地元の要望　予算に

胆振東部地震で甚大な被害を受けた胆振管内厚真、安平、むかわ3町でも人口減が進む。2019年5月末の人口は地震前と比べ、厚真町が107人減の4564人、安平町が214人減の7901人、むかわ町が252人減の8033人。自宅や仕事を失った人が町外の家族宅や都市部に引っ越したとみられ、まちづくりへの影響が懸念されている。

沢田雅浩・兵庫県立大准教授は「災害で人口減の加速に悩む地方では、住民自身がマチの将来を考えるのはもちろん、住民に最も近い各市町村も人々の要望を丁寧にすくい取り、復興予算を出す国や都道府県につなぐ必要がある」と指摘する。

記憶をつないで教訓に

1995年 阪神・淡路大震災

「わずか10秒間の揺れがこの大災害を起こしました。昨今は『風化』が言われとりますが、誰かが語り継いでいかなきゃいけない」。2019年6月中旬、神戸市の海沿いに立つ「阪神・淡路大震災記念 人と防災未来センター」の一室。ボランティアの語り部奥秀雄さん（87）が来館者に自身の地震体験を話し始めた。

1995年1月17日午前5時46分。経営する牛乳工場に車で向かう途中「お化けが出るような、二度と聞きたくない地鳴り」が聞こえた。道路がクネクネと波打ち、銀行のビルは傾き、スーパーの商品が道路に飛び出してきた。家族は無事だったが、工場は激しく損壊。廃業に追い込まれ従業員三十数人を解雇した―。

聞いていたのは京都の民生委員ら約20人。奥さんは役割との関わりを考え、30分の語りの後半を高齢者の話題に移した。多くが1階で寝ていて建物倒壊の犠牲になったこと、長期化する避難生活による孤独死、自殺…。「次、いつどんな災害が来るか。私たちは災害からは逃げられない。真正面から見据え、行動していくことが大事」と結んだ。

語り部歴は15年。42人いるセンターの語り部の中でもベテランだ。10年ほど前、沖縄戦のひめゆり学徒隊だった女性の講演が自身の「語り」を見つめ直すきっかけとなった。「悲惨な戦争を決して繰り返すな」。訴えたいことがひしひしと伝わり、涙なしに聴くことはできなかった。

誰に何を伝えたいか。話す相手に応じて構成を変えた。聞き手の年齢や職業を事前に事務局から聞き、伝えるべき教訓は何かを考える。修学旅行生には部屋を整頓し、枕元に衣服をたたんで置くと、夜中でも避難しやすいと話す。「何のためにわれわれはあんなつらい目を見たか。歴史の証人になるのは当然の義務だ」

「5時46分」で止まった置き時計や焼けた小銭、ゆがんだ鉄製の側溝のふた…。センターは震災の猛威を生々しく伝える一次資料19万点超を保管する。約800点を常設展示し、兵庫県内の巡回展にも活用される。5月からは、13万点の写真をインターネット上で見られる「デジタルアーカイブ」の運用も始めた。

センターの震災資料専門員富山仁貴《のりたか》さん(29)によると、地震の約1カ月後、まだ混乱が続く中で「記録を残そう」と市民たちが自発的に活動を始め、兵庫県の外郭団体が保存に動きだした。2002年のセンター開館時点で集まった資料は約16万点。寄贈は今も続く。「震災の威力を正しく伝えるために欠かせない」と富山さんは言う。

神戸市長田区の老舗商店街・大正筋商店街。300メートルのアーケードに軒を連ねた100店舗のうち、9割が地震で焼失した。その後もアーケードの骨組みだけは残り、地震に伴う火災の恐ろしさを強烈に伝えた。

商店街のお茶屋「味萬《あじまん》」店主の伊東正和さん（70）は地震の4年後、名古屋から修学旅行で訪れた女子高生の姿が忘れられない。「黙って見上げ、何とも言えない顔だった。アーケードがまさに今、震災を伝えている。震災そのもの、ズバリやと感じた」

どうしてもアーケードを残したかった。だが復興を急ぐ神戸市、「見《み》んのもつらいわ」と話す周囲を説得できず、地震から7年後の02年、撤去された。かつての商店は今、再開発で建てられたきれいな商業ビルに入る。「どこにでもある、こぎれいな商

神戸市長田区の大正筋商店街の真新しいアーケード下に立つ伊東正和さん。「震災があったなんて全然分からんやろ」と苦笑する

店街や」

あのアーケードの下には地震後間もなく、露店を出して商いを再開した人々や復興に懸命に取り組む人々がいた。その苦労や歴史まで消えてしまった気がした。伊東さんは東日本大震災の被災地を訪れ、遺構を生かしたまちづくりを講演している。記憶をどうつなぐか。「被災後すぐには、誰もが先を考えられへん。でも、生かされた人が考えんと」

■風化させぬ学び必要

胆振東部地震で37人が犠牲になった胆振管内厚真町も、災害を風化させないための展示施設や慰霊のための公園の整備を検討している。

阪神・淡路大震災の映像や資料などを後世に伝える中核施設の「阪神・淡路大震災記念　人と防災未来センター」には年間約50万人が訪れる。運営する公益財団法人は、子供向けの避難所づくり講座など20種類以上の防災イベントも毎年開催する。平林英二・企画ディレクターは「箱モノだけでなく、時代に合わせた学ばせ方を大人は常に考えていく責任がある」と指摘する。

道内、津波への備え途上

20XX年 南海トラフ、千島海溝

20XX年X月X日。最大震度7の揺れが東海から九州の広い範囲を襲った。地震の規模は2011年の東日本大震災に匹敵するマグニチュード（M）9・1。

気象庁は各地で10メートルを超える津波の恐れがあるとして大津波警報を発表した。

紀伊水道に面する和歌山県美浜町は、津波が最も早く押し寄せる地点の一つ。11・4メートルと予想された沿岸3地区の住民約1900人は、コンクリートと芝生に覆われた高台を一斉に目指す。その日に備え、町が17年に建てた避難高台だ。高さ15・5メートル、広さ2400平方メートル。2千人が2日間しのげる飲料水や非常食、毛布を蓄えた倉庫のほか、仮設トイレとなるマンホールもある。避難者はここで救援を待つ。

政府が「30年以内に70～80％の確率で起きる」とする「南海トラフ巨大地震」と津波のシミュレーションだ。想定死者は最大32万人に上り、美浜町の死者は人口の半分の3700人に達するとされた。同町の大星好史・防災企画課長は「厳しい数字だが、悲観ばかりしていられない。『被害者ゼロ』を目指す」。

高台の工事費2億5千万円のうち、1億8千万円は国の補助金や交付金。南海トラフ地震で被害が予想される市町村が避難施設を造る場合、特措法で国の補助が2分の1から3分の2に引き上げられる。造られた高台やタワーは、12県合わせて約350基に上る。

ただ、何より「本番」に生きるのは「いつも災害について考える癖をつけること」。避難困難地域の浜ノ瀬区で区長を務める村岡茂さん(69)はこう言う。お守りは、ハザードマップと避難経路の地図。常に自宅の書斎の机に広げてある。

地区住民は18年、自宅から避難場所までの道を歩き、道幅が狭い所や倒れる可能性があるブロック塀などの位置を自分の目で確かめ、「最適な避難経路」の地図を作った。100世帯それぞれが持ち、冷蔵庫に貼る

南海トラフ地震による津波に備え、美浜町が整備した避難高台。階段以外にスロープもあり、車いすや体の不自由な人も避難しやすい工夫がされている

人も持ち歩く人もいる。夜間の避難訓練も行う。

「地震は待ってくれん。悠長なこと言うてられん」と村岡さん。「とにかく逃げなあかん」が合言葉だ。

「津波が来たら、家の屋根にでも上るしかない」

釧路市大楽毛地区の武藤忠師さん（83）は漏らした。海抜5メートル前後の低地に住宅が立ち並ぶ同地区は、半径1キロ内に避難できる建物がない避難困難地域だ。

十勝沖や根室沖を含む千島海溝では、南海トラフと同程度か、それ以上の超巨大地震が起こるとされる。住民は避難タワーの建設を望むが、市は着手できないという。東日本大震災を受け、国が津波の高さの想定を見直している最中で、市の石井康司・防災危機管理監は「高さが分からなければ、施設も造れない」とため息をつく。

道内の市町村には、南海トラフ対策のような国の補助金の増額措置がない。道内で建てられた避難タワーは27基。うち道東は11基にとどまり、ある町の担当者は「南海トラフに比べて対策は周回遅れ」と言う。

千島海溝沿いの超巨大地震について、北大地震火山研究観測センターの高橋浩晃教授は「津波堆積物などから過去にも発生していたことは明らか。南海トラフよりも証拠がそろっており、道内でも最低限の施設整備が急務だ」と訴える。

市町村は模索を続ける。人口5800人の55％が津波浸水域に住む釧路管内浜中町は、住民個人ごとに避難経路を設定する「カルテ」導入を検討。南海トラフ地震で「全国一高い津波」が想定される高知県黒潮町も取り入れており、浜中町の担当者は「施設整備も大切だが、何より逃げる意識を持ってほしい」と話す。

道内で観測史上初の震度7を記録し、関連死を含んで44人が亡くなった18年9月6日の胆振東部地震は「地震はどこでもいつでも起こる」現実を突きつけた。

起きて当たり前だと思うこと。でも恐れすぎないこと。道内各地で防災講演会を開く釧路市の防災士辻川実さん（45）は、災害への心構えをこう伝授する。「次」の地震までの間に、知識や訓練で「勘を研ぎ澄ます」。私たちが今からできることだ。

……………………………………

■早期復興へ「事前計画」

南海トラフ巨大地震と津波によって和歌山県内では9万人が犠牲になり、15万9千棟の建物が全壊すると想定される。速やかに復興を進めるため、県は2018年、市町村向けに「事前復興計画」の手引を全国に先駆けて作成。美浜町が既に計画を策定している。

事前計画では、仮設住宅の詳細な必要戸数や建設候補地、被災後の公共施設や住宅の高台移転など、災害後のまちづくりのイメージをあらかじめ決めている。同県防災企画課の橋爪賢司主任は「被災時は人命救助や避難所運営で忙殺され、まちづくりを検討する時間がない。復興に関しても『備え』が必要だ」。道内自治体にも参考になりそうだ。

この書籍は北海道新聞に2018年11月から19年7月まで掲載された連載「激震　暗闇の大地」を再編集し単行本化したもので、文中の登場人物の年齢、所属・肩書き等は掲載時。次の筆者たちによって執筆されました。（所属はいずれも当時）

◆1章　報道センターと各支社報道部、支局の記者14人

◆2章　経済部・石井努、栗田直樹、宇野沢晋一郎、東京報道・長谷川裕紀

◆3章　報道センター・荒谷健一郎、木村直人、樋口雄大、門馬羊次、吉田隆久、犬飼裕一、下山竜良、川崎学、佐藤圭史、斉藤千絵、森貴子、岩崎あんり

◆4章　報道センター・久保吉史、松本創一、土井若楠、内山岳志

◆5章　報道センター・吉田隆久、岩崎あんり、阿部里子、荒谷健一郎、森貴子

◆6章　報道センター・関口裕士、経済部・石井努、栗田直樹、宇野沢晋一郎、東京報道・長谷川裕紀

◆7章　経済部・宇野沢晋一郎、生田憲、土屋航、小沢弘和、東京報道・拝原稔、苫小牧報道・鈴木雄二、蒲生美緒

◆8章　報道センター・斉藤千絵、川崎学、荒谷健一郎、吉田隆久

＊　＊

◆撮影　写真部・中川明紀、井上浩明、金田翔、宮永春希、国政崇、大城戸剛

あとがき

札幌市中央区にある北海道新聞本社6階の編集局フロア。2018年9月6日午前4時、激震と道内全域停電（ブラックアウト）の混乱のさなかに参集した記者らは20人を超えていた。発生から1時間弱。社会部機能を持つ報道センターで朝刊作業を終えて残っていたデスクらは、震源とされる胆振管内安平町に既に記者6人を送り、早朝から飛ばすヘリの準備を進めていた。他のデスクらも取材班の編成に奔走。東胆振地方を管轄する苫小牧報道部のほか、函館報道部などの応援も得て十数人を確保した。

午前5時すぎ、夜が明けると、NHKニュースが被災地の映像を流し出した。山の斜面が数百メートルに渡ってえぐられ、崩れた土砂がいくつもの家屋を飲み込んでいた。同管内厚真町吉野地区の無残な姿だった。デスクの一人は安平町に向かっていた記者らに急遽連絡し、厚真町に急がせた。北海道新聞の長きにわたる胆振東部地震取材はこうして始まった。

ニュースを毎日出し続けるだけでなく、地震とブラックアウトが重なった未曽有の事態を検証する取り組みにも力を入れ、後世に残す――。連載「激震　暗闇《ブラック》の大地《アウト》」は地震から2カ月後の11月、報道センターによる第1章「あの3日間、道民は」でスタート、大勢の道民の証言を通じて当時を再現した。第3章「気付かされたことは」では避難所や災害協定の問題点など災害対応の「盲点」「死角」を浮かび上がらせた。第4章「沈んだマチから」では札幌市清田区などの液状化現象問題を取り上げ、第5章「耳を澄ます」では子供や高齢者、障害者ら弱者に焦点を当てた。災害は平時から弱い立場にある人をさらに困難な状況に追い込む。記者たちは「この現実に目をそらしてはならない」と取材を続けた。

報道センターとともに連載の窓口を務めた経済部は第2章「北電という組織」を担当。苫東厚真火力発電所に電力供給の多くを頼る「集中型電源」のもろさを示した。ブラックアウトリスクの高い電力システムの背景や歴史はこれまで、ほとんど注目されてこなかったが、未来への警鐘として北電の企業風土なども含め記録にとどめなければならない――。そんな思いが取材の原動力になった。ただ、一様に口の重い北電関係者を説得することは容易ではなかった。

経済部は道内の新たな電力システムや停電に強い通信・物流網の姿も提示した。その具体策や課題を探ったのが、第6章「電力の将来像」と第7章「生命線、どうつなぐか」だ。

　北電はブラックアウト以降、本州との間で電力を融通し合う北本連系線の容量を増やし、需給バランスを保つための強制停電の能力を強化した。だが、道内各地で火発の老朽化が進む中、風力や太陽光などの再生可能エネルギーを活用した電源の分散化が欠かせない。大規模な自然災害が毎年のように全国各地で発生する昨今、万一への備えを「更新」し続ける発想や姿勢が北電はもちろん、道民一人一人にも求められている。一連の連載が「その一助になれば」と思っている。

（報道センター次長・澤田信孝、経済部次長・宇野一征）

検証ブラックアウト
北海道胆振東部地震

２０２０年８月27日　初版第１刷発行

編者　北海道新聞社
発行者　菅原淳
発行所　北海道新聞社
〒０６０―８７１１　札幌市中央区大通西３丁目６
出版センター（編集）０１１―２１０―５７４２
（営業）０１１―２１０―５７４４

印刷所　中西印刷株式会社

落丁・乱丁本は出版センター（営業）にご連絡ください。
お取り換えいたします。

ISBN978-4-89453-998-3